最新法律文件解读丛书

刑事
法律文件解读

XINGSHI FALÜ WENJIAN JIEDU

人民法院出版社 编

总第226辑 2024.04

人民法院出版社

图书在版编目（CIP）数据

刑事法律文件解读．总第226辑 / 人民法院出版社编．
北京 ： 人民法院出版社， 2024． 7． --（最新法律文件
解读丛书）． -- ISBN 978-7-5109-4195-5

Ⅰ． D924.05；D925.205

中国国家版本馆CIP数据核字第2024ZX9631号

刑事法律文件解读·总第 226 辑

人民法院出版社　编

责任编辑　杨晓燕
出版发行　人民法院出版社
地　　址　北京市东城区东交民巷 27 号　邮编　100745
电　　话　（010）67550508（责任编辑）　67550558（发行部查询）
　　　　　　65223677（读者服务部）
客服 QQ　2092078039
网　　址　http：//www.courtbook.com.cn
E - mail　courtbook@sina.com
印　　刷　三河市国英印务有限公司
经　　销　新华书店
开　　本　787 毫米×1092 毫米　1/16
字　　数　115 千字
印　　张　8
版　　次　2024 年 7 月第 1 版　　2024 年 7 月第 1 次印刷
书　　号　ISBN 978-7-5109-4195-5
定　　价　28.00 元

卷首语

党的十八大以来，在以习近平同志为核心的党中央坚强领导下，我国财税金融体制改革不断深化，税收征管体制持续优化，税收治理效能有力提升。2024 年 3 月 15 日，最高人民法院、最高人民检察院联合印发《关于办理危害税收征管刑事案件适用法律若干问题的解释》（法释〔2024〕4 号，以下简称《解释》）。为便于司法实践正确理解和准确适用《解释》，本辑重点收录了《解释》及其解读文章。同时，本辑还收录了《最高人民法院关于办理减刑、假释案件审查财产性判项执行问题的规定》，为相关人员办理减刑、假释案件提供政策依据。

“指导案例、典型案例与解读”栏目收录了最高人民检察院发布的《“加强刑事检察监督 促进刑事司法公正”典型案例》和《检察机关“依法惩治网络犯罪 助力网络空间综合治理”典型案例》，供相关领域工作人员在审理类似案件时借鉴参考。

此外，“司法实务问题研究”栏目收录了《以刑事穿透性判断破解股权代持类职务侵占罪实务认定难题》；“新类型疑难案例选评”栏目收录了《范某操诈骗和伪造国家机关证件、印章案》，方便广大读者研究学习。

最新法律文件解读丛书
编　辑　部

兰丽专　（010）67550626

丁丽娜　（010）67550608

杨晓燕　（010）67550508

杨　洁　（010）67550562

路建华　（010）67550660

赵杰琼　（010）67550656

投稿邮箱：

《刑事法律文件解读》　5184621@ qq. com

《民事法律文件解读》　1216921515@ qq. com

《商事法律文件解读》　shangshijiedu@ 126. com

《行政与执行法律文件解读》　1092123089@ qq. com

目录

司法解释、司法指导性文件与解读

指导案例、典型案例与解读

司法解释、司法指导性文件与解读

最高人民法院　最高人民检察院

关于办理危害税收征管刑事案件适用法律若干问题的解释

法释〔2024〕4号

（2024年1月8日最高人民法院审判委员会第1911次会议、2024年2月22日最高人民检察院第十四届检察委员会第二十五次会议通过　2024年3月15日最高人民法院、最高人民检察院公告公布　自2024年3月20日起施行）

为依法惩治危害税收征管犯罪，根据《中华人民共和国刑法》《中华人民共和国刑事诉讼法》的有关规定，现就办理此类刑事案件适用法律的若干问题解释如下：

第一条　纳税人进行虚假纳税申报，具有下列情形之一的，应当认定为刑法第二百零一条第一款规定的“欺骗、隐瞒手段”：

（一）伪造、变造、转移、隐匿、擅自销毁账簿、记账凭证或者其他涉税资料的；

（二）以签订“阴阳合同”等形式隐匿或者以他人名义分解收入、财产的；

（三）虚列支出、虚抵进项税额或者虚报专项附加扣除的；

（四）提供虚假材料，骗取税收优惠的；

（五）编造虚假计税依据的；

（六）为不缴、少缴税款而采取的其他欺骗、隐瞒手段。

具有下列情形之一的，应当认定为刑法第二百零一条第一款规定的“不申报”：

（一）依法在登记机关办理设立登记的纳税人，发生应税行为而不申报纳税的；

（二）依法不需要在登记机关办理设立登记或者未依法办理设立登记的纳税人，发生应税行为，经税务机关依法通知其申报而不申报纳税的；

（三）其他明知应当依法申报纳税而不申报纳税的。

扣缴义务人采取第一、二款所列手段，不缴或者少缴已扣、已收税款，数额较大的，依照刑法第二百零一条第一款的规定定罪处罚。扣缴义务人承诺为纳税人代付税款，在其向纳税人支付税后所得时，应当认定扣缴义务人“已扣、已收税款”。

第二条 纳税人逃避缴纳税款十万元以上、五十万元以上的，应当分别认定为刑法第二百零一条第一款规定的“数额较大”、“数额巨大”。

扣缴义务人不缴或者少缴已扣、已收税款“数额较大”、“数额巨大”的认定标准，依照前款规定。

第三条 纳税人有刑法第二百零一条第一款规定的逃避缴纳税款行为，在公安机关立案前，经税务机关依法下达追缴通知后，在规定的期限或者批准延缓、分期缴纳的期限内足额补缴应纳税款，缴纳滞纳金，并全部履行税务机关作出的行政处罚决定的，不予追究刑事责任。但是，五年内因逃避缴纳税款受过刑事处罚或者被税务机关给予二次以上行政处罚的除外。

纳税人有逃避缴纳税款行为，税务机关没有依法下达追缴通知的，依法不予追究刑事责任。

第四条 刑法第二百零一条第一款规定的“逃避缴纳税款数额”，是指在确定的纳税期间，不缴或者少缴税务机关负责征收的各税种税款的总额。

刑法第二百零一条第一款规定的“应纳税额”，是指应税行为发生年度内依照税收法律、行政法规规定应当缴纳的税额，不包括海关代征的增值税、关税等及纳税人依法预缴的税额。

刑法第二百零一条第一款规定的“逃避缴纳税款数额占应纳税额的百分比”，是指行为人在一个纳税年度中的各税种逃税总额与该纳税年度应纳税总额的比例；不按纳税年度确定纳税期的，按照最后一次逃税行为发生之日前一年中各税种逃税总额与该年应纳税总额的比例确定。纳税义务存续期间不足一个纳税年度的，按照各税种逃税总额与实际发生纳税义务期间应纳税总额的比例确定。

逃税行为跨越若干个纳税年度，只要其中一个纳税年度的逃税数额及百分比达到刑法第二百零一条第一款规定的标准，即构成逃税罪。各纳税年度的逃税数额应当累计计算，逃税额占应纳税额百分比应当按照各逃税年度百分比的最高值确定。

刑法第二百零一条第三款规定的“未经处理”，包括未经行政处理和刑事处理。

第五条 以暴力、威胁方法拒不缴纳税款，具有下列情形之一的，应当认定为刑法第二百零二条规定的“情节严重”：

（一）聚众抗税的首要分子；

（二）故意伤害致人轻伤的；

（三）其他情节严重的情形。

实施抗税行为致人重伤、死亡，符合刑法第二百三十四条或者第二百三十二条规定的，以故意伤害罪或者故意杀人罪定罪处罚。

第六条 纳税人欠缴应纳税款，为逃避税务机关追缴，具有下列情形之一的，应当认定为刑法第二百零三条规定的“采取转移或者隐匿财产的手段”：

（一）放弃到期债权的；

（二）无偿转让财产的；

（三）以明显不合理的价格进行交易的；

（四）隐匿财产的；

（五）不履行税收义务并脱离税务机关监管的；

（六）以其他手段转移或者隐匿财产的。

第七条 具有下列情形之一的，应当认定为刑法第二百零四条第一款规定的“假报出口或者其他欺骗手段”：

（一）使用虚开、非法购买或者以其他非法手段取得的增值税专用发票或者其他可以用于出口退税的发票申报出口退税的；

（二）将未负税或者免税的出口业务申报为已税的出口业务的；

（三）冒用他人出口业务申报出口退税的；

（四）虽有出口，但虚构应退税出口业务的品名、数量、单价等要素，以虚增出口退税额申报出口退税的；

（五）伪造、签订虚假的销售合同，或者以伪造、变造等非法手段取得出口报关单、运输单据等出口业务相关单据、凭证，虚构出口事实申报出口退税的；

（六）在货物出口后，又转入境内或者将境外同种货物转入境内循环进出口并申报出口退税的；

（七）虚报出口产品的功能、用途等，将不享受退税政策的产品申报为退税产品的；

（八）以其他欺骗手段骗取出口退税款的。

第八条 骗取国家出口退税款数额十万元以上、五十万元以上、五百万元以上的，应当分别认定为刑法第二百零四条第一款规定的“数额较大”、“数额巨大”、“数额特别巨大”。

具有下列情形之一的，应当认定为刑法第二百零四条第一款规定的“其他严重情节”：

（一）两年内实施虚假申报出口退税行为三次以上，且骗取国家税款三十万元以上的；

（二）五年内因骗取国家出口退税受过刑事处罚或者二次以上行政处罚，又实施骗取国家出口退税行为，数额在三十万元以上的；

（三）致使国家税款被骗取三十万元以上并且在提起公诉前无法追回的；

（四）其他情节严重的情形。

具有下列情形之一的，应当认定为刑法第二百零四条第一款规定的“其他特别严重情节”：

（一）两年内实施虚假申报出口退税行为五次以上，或者以骗取出口退税为主要业务，且骗取国家税款三百万元以上的；

（二）五年内因骗取国家出口退税受过刑事处罚或者二次以上行政处罚，又实施骗取国家出口退税行为，数额在三百万元以上的；

（三）致使国家税款被骗取三百万元以上并且在提起公诉前无法追回的；

（四）其他情节特别严重的情形。

第九条　实施骗取国家出口退税行为，没有实际取得出口退税款的，可以比照既遂犯从轻或者减轻处罚。

从事货物运输代理、报关、会计、税务、外贸综合服务等中介组织及其人员违反国家有关进出口经营规定，为他人提供虚假证明文件，致使他人骗取国家出口退税款，情节严重的，依照刑法第二百二十九条的规定追究刑事责任。

第十条　具有下列情形之一的，应当认定为刑法第二百零五条第一款规定的“虚开增值税专用发票或者虚开用于骗取出口退税、抵扣税款的其他发票”：

（一）没有实际业务，开具增值税专用发票、用于骗取出口退税、抵扣税款的其他发票的；

（二）有实际应抵扣业务，但开具超过实际应抵扣业务对应税款的增值税专用发票、用于骗取出口退税、抵扣税款的其他发票的；

（三）对依法不能抵扣税款的业务，通过虚构交易主体开具增值税专用发票、用于骗取出口退税、抵扣税款的其他发票的；

（四）非法篡改增值税专用发票或者用于骗取出口退税、抵扣税款的其他发票相关电子信息的；

（五）违反规定以其他手段虚开的。

为虚增业绩、融资、贷款等不以骗抵税款为目的，没有因抵扣造成税款被骗损失的，不以本罪论处，构成其他犯罪的，依法以其他犯罪追究刑事责任。

第十一条 虚开增值税专用发票、用于骗取出口退税、抵扣税款的其他发票，税款数额在十万元以上的，应当依照刑法第二百零五条的规定定罪处罚；虚开税款数额在五十万元以上、五百万元以上的，应当分别认定为刑法第二百零五条第一款规定的“数额较大”、“数额巨大”。

具有下列情形之一的，应当认定为刑法第二百零五条第一款规定的“其他严重情节”：

（一）在提起公诉前，无法追回的税款数额达到三十万元以上的；

（二）五年内因虚开发票受过刑事处罚或者二次以上行政处罚，又虚开增值税专用发票或者虚开用于骗取出口退税、抵扣税款的其他发票，虚开税款数额在三十万元以上的；

（三）其他情节严重的情形。

具有下列情形之一的，应当认定为刑法第二百零五条第一款规定的“其他特别严重情节”：

（一）在提起公诉前，无法追回的税款数额达到三百万元以上的；

（二）五年内因虚开发票受过刑事处罚或者二次以上行政处罚，又虚开增值税专用发票或者虚开用于骗取出口退税、抵扣税款的其他发票，虚开税款数额在三百万元以上的；

（三）其他情节特别严重的情形。

以同一购销业务名义，既虚开进项增值税专用发票、用于骗取出口退税、抵扣税款的其他发票，又虚开销项的，以其中较大的数额计算。

以伪造的增值税专用发票进行虚开，达到本条规定标准的，应当以虚开增值税专用发票罪追究刑事责任。

第十二条 具有下列情形之一的，应当认定为刑法第二百零五条之一第一款规定的“虚开刑法第二百零五条规定以外的其他发票”：

（一）没有实际业务而为他人、为自己、让他人为自己、介绍他人开具发票的；

（二）有实际业务，但为他人、为自己、让他人为自己、介绍他人开具与实际业务的货物品名、服务名称、货物数量、金额等不符的发票的；

（三）非法篡改发票相关电子信息的；

（四）违反规定以其他手段虚开的。

第十三条 具有下列情形之一的，应当认定为刑法第二百零五条之一第一款规定的“情节严重”：

（一）虚开发票票面金额五十万元以上的；

（二）虚开发票一百份以上且票面金额三十万元以上的；

（三）五年内因虚开发票受过刑事处罚或者二次以上行政处罚，又虚开发票，票面金额达到第一、二项规定的标准60%以上的。

具有下列情形之一的，应当认定为刑法第二百零五条之一第一款规定的“情节特别严重”：

（一）虚开发票票面金额二百五十万元以上的；

（二）虚开发票五百份以上且票面金额一百五十万元以上的；

（三）五年内因虚开发票受过刑事处罚或者二次以上行政处罚，又虚开发票，票面金额达到第一、二项规定的标准 60%以上的。

以伪造的发票进行虚开，达到本条第一款规定的标准的，应当以虚开发票罪追究刑事责任。

第十四条 伪造或者出售伪造的增值税专用发票，具有下列情形之一的，应当依照刑法第二百零六条的规定定罪处罚：

（一）票面税额十万元以上的；

（二）伪造或者出售伪造的增值税专用发票十份以上且票面税额六万元以上的；

（三）违法所得一万元以上的。

伪造或者出售伪造的增值税专用发票票面税额五十万元以上的，或者五十份以上且票面税额三十万元以上的，应当认定为刑法第二百零六条第一款规定的“数量较大”。

五年内因伪造或者出售伪造的增值税专用发票受过刑事处罚或者二次以上行政处罚，又实施伪造或者出售伪造的增值税专用发票行为，票面税额达到本条第二款规定的标准 60%以上的，或者违法所得五万元以上的，应当认定为刑法第二百零六条第一款规定的“其他严重情节”。

伪造或者出售伪造的增值税专用发票票面税额五百万元以上的，或者五百份以上且票面税额三百万元以上的，应当认定为刑法第二百零六条第一款规定的“数量巨大”。

五年内因伪造或者出售伪造的增值税专用发票受过刑事处罚或者二次以上行政处罚，又实施伪造或者出售伪造的增值税专用发票行为，票面税额达到本条第四款规定的标准 60%以上的，或者违法所得五十万元以上的，应当认定为刑法第二百零六条第一款规定的“其他特别严重情节”。

伪造并出售同一增值税专用发票的，以伪造、出售伪造的增值税专用发票罪论处，数量不重复计算。

变造增值税专用发票的，按照伪造增值税专用发票论处。

第十五条 非法出售增值税专用发票的，依照本解释第十四条的定罪量刑标准定罪处罚。

第十六条 非法购买增值税专用发票或者购买伪造的增值税专用发票票面税额二十万元以上的，或者二十份以上且票面税额十万元以上的，应当依照刑法第二百零八条第一款的规定定罪处罚。

非法购买真、伪两种增值税专用发票的，数额累计计算，不实行数罪并罚。

购买伪造的增值税专用发票又出售的，以出售伪造的增值税专用发票罪定罪处罚；非法购买增值税专用发票用于骗取抵扣税款或者骗取出口退税款，同时构成非法购买增值税专用发票罪与虚开增值税专用发票罪、骗取出口退税罪的，依照处罚较重的规定定罪处罚。

第十七条 伪造、擅自制造或者出售伪造、擅自制造的用于骗取出口退税、抵扣税款的其他发票，具有下列情形之一的，应当依照刑法第二百零九条第一款的规定定罪处罚：

（一）票面可以退税、抵扣税额十万元以上的；

（二）伪造、擅自制造或者出售伪造、擅自制造的发票十份以上且票面可以退税、抵扣税额六万元以上的；

（三）违法所得一万元以上的。

伪造、擅自制造或者出售伪造、擅自制造的可以用于骗取出口退税、抵扣税款的其他发票票面可以退税、抵扣税额五十万元以上的，或者五十份以上且票面可以退税、抵扣税额三十万元以上的，应当认定为刑法第二百零九条第一款规定的“数量巨大”；伪造、擅自制造或者出售伪造、擅自制造的可以用于骗取出口退税、抵扣税款的其他发票票面可以退税、抵扣税额五百万元以上的，或者五百份以上且票面可以退税、抵扣税额三百万元以上的，应当认定为刑法第二百零九条第一款规定的“数量特别巨大”。

伪造、擅自制造或者出售伪造、擅自制造刑法第二百零九条第二款规定的发票，具有下列情形之一的，应当依照该款的规定定罪处罚：

（一）票面金额五十万元以上的；

（二）伪造、擅自制造或者出售伪造、擅自制造发票一百份以上且票面金额三十万元以上的；

（三）违法所得一万元以上的。

伪造、擅自制造或者出售伪造、擅自制造刑法第二百零九条第二款规定的发票，具有下列情形之一的，应当认定为“情节严重”：

（一）票面金额二百五十万元以上的；

（二）伪造、擅自制造或者出售伪造、擅自制造发票五百份以上且票面金额一百五十万元以上的；

（三）违法所得五万元以上的。

非法出售用于骗取出口退税、抵扣税款的其他发票的，定罪量刑标准依照本条第一、二款的规定执行。

非法出售增值税专用发票、用于骗取出口退税、抵扣税款的其他发票以外的发票的，定罪量刑标准依照本条第三、四款的规定执行。

第十八条 具有下列情形之一的，应当认定为刑法第二百一十条之一第一款规定的“数量较大”：

（一）持有伪造的增值税专用发票或者可以用于骗取出口退税、抵扣税款的其他发票票面税额五十万元以上的；或者五十份以上且票面税额二十五万元以上的；

（二）持有伪造的前项规定以外的其他发票票面金额一百万元以上的，或者一百份以上且票面金额五十万元以上的。

持有的伪造发票数量、票面税额或者票面金额达到前款规定的标准五倍以上的，应当认定为刑法第二百一十条之一第一款规定的“数量巨大”。

第十九条 明知他人实施危害税收征管犯罪而仍为其提供账号、资信证明或者其他帮助的，以相应犯罪的共犯论处。

第二十条 单位实施危害税收征管犯罪的定罪量刑标准，依照本解释规定的标准执行。

第二十一条 实施危害税收征管犯罪，造成国家税款损失，行为人补缴税款、挽回税收损失，有效合规整改的，可以从宽处罚；犯罪情节轻微不需要判处刑罚的，可以不起诉或者免予刑事处罚；情节显著轻微危害不大的，不作为犯罪处理。

对于实施本解释规定的相关行为被不起诉或者免予刑事处罚，需要给予行政处罚、政务处分或者其他处分的，依法移送有关主管机关处理。有关主管机关应当将处理结果及时通知人民检察院、人民法院。

第二十二条 本解释自2024年3月20日起施行。《最高人民法院关于适用〈全国人民代表大会常务委员会关于惩治虚开、伪造和非法出售增值税专用发票犯罪的决定〉的若干问题的解释》（法发〔1996〕30号）、《最高人民法院关于审理骗取出口退税刑事案件具体应用法律若干问题的解释》（法释〔2002〕30号）、《最高人民法院关于审理偷税、抗税刑事案件具体应用法律若干问题的解释》（法释〔2002〕33号）同时废止；最高人民法院、最高人民检察院以前发布的司法解释与本解释不一致的，以本解释为准。

解读《最高人民法院、最高人民检察院关于办理危害税收征管刑事案件适用法律若干问题的解释》

滕 伟 董保军 姚龙兵* 张淑芬**

2024 年 3 月 15 日，最高人民法院、最高人民检察院联合印发《关于办理危害税收征管刑事案件适用法律若干问题的解释》（法释［2024］4 号，以下简称《解释》），自 2024 年 3 月 20 日起施行。这是人民法院、人民检察院全面贯彻习近平法治思想，深入落实中央经济工作会议精神，坚持以人民为中心的重要司法文件；是依法惩处危害税收征管犯罪，保障国家税收利益、维护税收秩序，支撑和服务经济社会高质量发展的重要司法文件；也是顺应打击犯罪需要、回应执法司法需求的重要司法文件，对各级司法机关正确办理相关案件，具有重要的指导意义；对加快营造市场化、法治化、国际化的营商环境，必将发挥重要作用。为便于司法实践正确理解和准确适用《解释》，现就制定背景、起草思路、原则和主要内容介绍如下。

一、《解释》的制定背景

税收是关系国计民生的大事。财政是国家治理的基础和重要支柱，而税收则是国家财政收入的主要源泉，同时也是国家实施宏观调控、调

* 作者单位：最高人民法院。
** 作者单位：国家法官学院。

节收入分配的重要工具，是维持国家机器正常运转的基础。正如习近平总书记深刻指出："科学的财税体制是优化资源配置、维护市场统一、促进社会公平、实现国家长治久安的制度保障。"①

党的十八大以来，在以习近平同志为核心的党中央坚强领导下，我国财税金融体制改革不断深化，税收征管体制持续优化，税收治理效能有力提升。习近平总书记多次强调，要发挥税收在国家治理中的基础性、支柱性、保障性作用。党的十九届五中全会和"十四五"规划纲要对深化税收征管制度改革、推动税收征管现代化作出部署。2021 年 3 月，中共中央办公厅、国务院办公厅联合印发《关于进一步深化税收征管改革的意见》，明确提出要"完善涉税司法解释，明晰司法裁判标准"。

危害税收征管犯罪，危害国家财政基础、统治根基，依法惩处各类危害税收征管犯罪，始终是人民法院的职责所在。最高人民法院先后于 1996 年 10 月发布《关于适用〈全国人民代表大会常务委员会关于惩治虚开、伪造和非法出售增值税专用发票犯罪的决定〉的若干问题的解释》（法发〔1996〕30 号），于 2002 年 9 月发布《关于审理骗取出口退税刑事案件具体应用法律若干问题的解释》（法释〔2002〕30 号，以下简称《审理骗税案件解释》），于 2002 年 11 月发布《关于审理偷税抗税刑事案件具体应用法律若干问题的解释》（法释〔2002〕33 号，以下简称《审理偷税案件解释》）。上述司法解释对虚开增值税专用发票罪，伪造、出售伪造的增值税专用发票罪，非法出售增值税专用发票罪，非法购买增值税专用发票、购买伪造的增值税专用发票罪，虚开专用发票罪（现为虚开用于骗取出口退税、抵扣税款发票罪），非法制造专用发票罪，出售非法制造的专用发票罪（现为非法制造、出售非法制造的用于骗取出口退税、抵扣税款发票罪），偷税罪（已修改为逃税

① 习近平：《关于〈中共中央关于全面深化改革若干重大问题的决定〉的说明》，载《人民日报》2013 年 11 月 16 日第 1 版。

罪），抗税罪，骗取出口退税罪等危害税收征管犯罪的定罪量刑标准和有关法律适用问题作出规定。地方各级人民法院依照刑法和上述司法解释，依法审理各类危害税收征管刑事案件，为维护税收征管秩序和税收安全，推进税收工作有序开展，发挥了重要作用。但是，二十多年来，我国经济、社会、法治发生了巨大变化，经济水平大幅提高，税制改革不断深化，刑法规定不断完善，原有的三个司法解释已经无法满足惩治危害税收征管犯罪活动的要求，迫切需要制定新的司法解释。具体表现在以下方面。

一是关于危害税收征管犯罪活动的刑事立法不断完善。2009年，刑法修正案（七）对逃税罪的罪状作了修改，将原来的偷税罪改为逃税罪，增加了附条件不予追究刑事责任的特殊规定；2011年，刑法修正案（八）增加了虚开发票罪、持有伪造的发票罪两个新罪名，废除了虚开增值税专用发票罪等犯罪的死刑。刑法修改后，需要通过司法解释进一步就新罪名的定罪量刑标准和司法实践中的重点难点问题予以明确。

二是实践中危害税收征管犯罪出现了新变化。近年来，财税改革步伐加快，税收征管工作中出现一些新情况，危害税收征管犯罪活动逐渐成为企业犯罪中的高发类型，犯罪手段不断翻新，作案手段更加隐蔽；职业化专业化明显，关联性犯罪交织；信息化水平提升，智能化水平越来越高；犯罪链条复杂，跨区域犯罪特征显著，案发后难以取证。上述问题，一定程度上影响了刑事案件的办理。因此，应当通过司法解释进一步明确法律适用标准，强化打击效果。

三是执法司法中关于法律适用问题的争议时有发生。由于刑法关于某些罪名的规定较为抽象，实践中对个别危害税收征管犯罪的法律适用有争议，既涉及定性问题，也涉及量刑标准问题。而原有的三个司法解释出台时间较早，已经不能适应执法司法需要。对某些罪名，如虚开增值税专用发票罪的构成要件，不同部门之间甚至司法系统内部不同人员之间都存在不同认识，导致类案不同判的情况时有发生；税务机关与司法机关对某些涉税案件的性质认定，如通过签订“阴阳合同”逃税行为的定性等，也时有不同意见。这些都急迫需要通过司法解释统一裁判标准。

有鉴于此，为了依法惩治危害税收征管犯罪，有效解决司法实践中的难题，最高人民法院、最高人民检察院在全国人大常委会法工委、公安部、国家税务总局等有关部门的大力支持下，经过深入调查研究、广泛征求意见、反复论证完善，制定了《解释》。

二、《解释》的起草思路与原则

《解释》坚持以习近平新时代中国特色社会主义思想为指导，深入贯彻习近平法治思想和习近平经济思想，立足办案需求，着力解决法律适用中的突出问题，兼顾刑事司法和税收行政执法需求；以刑事为立足点，既重视行刑衔接，又重点关注税收刑事犯罪与行政违法行为的区分；以原有司法解释为蓝本，合理的予以保留，不符合经济社会发展的予以调整，原来没有、实践需要的予以增加；关于定罪量刑数额、情节，紧扣行为社会危害性这一根本，充分考虑行为人的主观恶性，同时结合税收犯罪的特点和有关经济犯罪司法解释关于定罪量刑标准的规定，根据经济社会发展状况予以明确。原有司法解释有规定的，适当提高；没有规定的，结合2022年4月最高人民检察院、公安部联合发布的《关于公安机关管辖的刑事案件立案追诉标准的规定（二）》［以下简称《立案追诉标准（二）》］确定适当标准。为确保《解释》依法惩治危害税收征管犯罪活动，维护税收征管秩序，《解释》起草遵循以下原则。

第一，坚持问题导向。危害税收征管刑事案件涉及面广，专业性强，司法实践中遇到的问题多，《解释》的制定始终坚持问题导向，针对争议较大的关于逃税罪不予追究刑事责任情形的认定，“虚开”的理解，虚开增值税专用发票罪与逃税罪、非法出售增值税专用发票罪的区分，共同犯罪的认定，数额的计算等突出问题，尽可能作出具体规定，明确法律适用具体规则，为依法办理危害税收征管刑事案件提供有效指引。

第二，坚持主客观相统一。主客观相统一原则是刑法的重要原则，刑事司法必须始终贯彻遵循。《解释》制定过程中，对虚开增值税专用发票罪的理解争议最大，因刑法条文未明确规定该罪必须具有骗抵税款的主观目的和造成税款损失的客观结果，而实践中不同的“虚开”无论是主观方面，还是客观危害性，都差异很大。在起草《解释》过程中，根据主客观相统一原则，结合对罪名沿革历史的考察，对该罪罪状进行了必要的限缩，根据罪责刑相适应原则，合理划定犯罪圈。

第三，坚持与时俱进。随着经济社会的发展，经济水平的大幅提高，原有司法解释关于危害税收征管犯罪定罪量刑标准的规定已无法与经济社会发展水平相适应，《解释》适当提高原有司法解释中部分罪名的定罪量刑标准。同时，随着财税金融体制改革不断深化，实践中涉税犯罪手段不断翻新，如以循环出口方式骗取出口退税的、以编造虚假计税依据进行逃税的等，特别是近年来文娱领域发生的通过签订“阴阳合同”逃税案件，有的引起社会广泛关注，对这些问题，《解释》均予以回应。

三、《解释》的主要内容

《解释》在原有三个司法解释的基础上，依照刑法、刑事诉讼法的有关规定，针对当前办案实践中反映的突出问题，对危害税收征管犯罪的定罪量刑和有关法律适用问题作了全面系统的规定。《解释》共22条，主要规定了以下内容：一是明确危害税收征管相关犯罪的定罪量刑标准；二是明确对有关罪名的理解，最主要的是对虚开增值税专用发票罪作了限缩解释；三是明确新型犯罪手段的法律适用，如列举骗取出口退税8种表现手段，明确以“阴阳合同”隐匿财产的性质认定等；四是根据危害税收征管犯罪特点，明确补缴税款、挽回税收损失，有效合规整改的从宽处罚规则；五是明确危害税收征管犯罪涉及的单位犯罪处罚原则等问题。重点条文共5条，分别是第一条、第三条、第六条、第七条和第十条。

（一）关于逃税罪的规定

2009年刑法修正案（七）对刑法第二百零一条进行了较大幅度的修改，将偷税罪修改为逃税罪，增设了不予追究刑事责任的规定。将偷税罪改为逃税罪，虽仅一字之差，但从根本上体现了立法对税收犯罪认识的进一步深化，从而使立法更加科学。刑事立法对犯罪的界定和法定刑的配置，主要基于对行为社会危害性的考量，社会危害性是划定犯罪圈和配置法定刑的根据。税收是“国家不付任何报酬而向居民取得东西”，因此无偿性是税收的重要特性。虽然因法律规定，纳税是纳税人的法定义务，但趋利避害是人的自然本能，对纳税人来说，将自己的财产无偿让渡给国家非其所愿；逃避纳税义务，是纳税人不履行法定义务的不作为，其危害性在于导致国家应增加的财产没有增加，这与行为人以积极的手段贪污、侵占、诈骗国家财产相比，无论是行为的可谴责性还是实际危害后果，都有所不同。纳税人逃避纳税义务，本质上是“逃”避义务的行为，而不是积极地窃取财产的“偷”窃行为。因此，立法对该罪名虽只是一字之“改”，但更准确地反映了对该罪本质认识的深化；这一立法精神对准确理解逃税罪乃至其他危害税收征管犯罪，具有重要的指导价值。

《解释》第一条至第四条明确了逃税罪的行为方式、定罪量刑数额标准、不予追究刑事责任的情形以及认定逃税罪逃税数额和逃税比例的计算依据。

1. 关于逃税罪行为方式的解读

刑法第二百零一条第一款规定，逃税罪的行为方式有两大类：一是采取欺骗、隐瞒手段进行虚假纳税申报；二是不申报。对于什么是“欺骗、隐瞒手段”，如何理解“不申报”，实践中有不同认识。根据执法机关的经验，结合近年来出现的一些新型犯罪手段，《解释》将一些具有典型性的手段行为类型化后予以明确。

（1）关于“欺骗、隐瞒手段”的解读。2015年修正的税收征收管理法第六十三条规定，“纳税人伪造、变造、隐匿、擅自销毁帐簿、记帐凭证，或者在帐簿上多列支出或者不列、少列收入，或者经税务机关通知申报而拒不申报或者进行虚假纳税申报，不缴或者少缴应纳税款的，是偷税”，这是从行政法的角度对“偷税”作出的界定。该界定与《关于审理偷税案件解释》第一条的规定基本一致。《解释》根据近年来税收稽查中发现的新情况，结合税收征收管理法的规定，采用列举方式，对“欺骗、隐瞒手段”进行了完善。

第一，增加“转移账簿、记账凭证或者其他涉税资料”作为逃税手段。同时规定，纳税人对作为计税依据的其他涉税资料予以伪造、变造、转移、隐匿、擅自销毁，逃避税务稽查的，也作为逃税犯罪的手段。虽然广义的“隐匿”可以包括“转移”行为，但在《解释》制定过程中，一些一线执法人员提出，纳税人转移涉税资料而拒不按要求交出的情况不少，建议将“转移”行为明确化。《解释》采纳了上述建议。需要注意的是，纳税人伪造、变造、转移、隐匿、擅自销毁的上述资料，必须是作为纳税依据的资料，包括影响税款全额计算的资料，如果行为人伪造等行为的对象是其他不影响纳税的资料，则不能作为本罪的欺骗、隐瞒手段。

第二，增加新型隐匿财产型逃税。一是对利用“阴阳合同”逃税行为从严打击，将以签订“阴阳合同”作为逃税手段予以明确规定。根据个人所得税法，我国对个人所得税采用超额累进税率，收入越高适用的税率越高，最高可达45%。故实践中有的纳税人为降低应适用税率，少缴税款，通过隐匿收入、财产，或者以他人名义将自己的财产、收入予以分解，企图以较低税率计征个人所得税，从而实现不缴、少缴税款的目的，如近年来文娱领域发现的个别高收入从业人员通过签订“阴阳合同”隐匿收入逃税的案件。为了回应社会关切，堵塞法律适用漏洞，彰显司法机关鲜明态度，《解释》明确将这种通过签订“阴阳合同”手段隐匿收入、财产的行为，作为逃税形式之一予以规定。二是增加虚列支出、虚抵进项税额的逃税手段。税务机关认为，对于虚抵进项行为，根据《国家税务总局关于纳税人取得虚开的增值税专用发票处理问题的通知》（国税发〔1997〕134号）规定，“受票方利用他人虚开的专用发票，向税务机关申报抵扣税款进行偷税的，应当依照《中华人民共和国税收征收管理法》及有关规定追缴税款，处以偷税数额五倍以下的罚款”，因此，建议应当将上述手段予以列举。需要特别说明的是，这里的“虚抵进项税额”，是以不构成虚开增值税专用发票罪为前提。二者的区分，涉及本罪与虚开增值税专用发票罪的区分这一核心问题，对该问题的论证，详见后文“虚开增值税专用发票罪与逃税罪的关系”部分，此处不赘。三是将虚报专项附加扣除作为逃税手段。《解释》制定过程中，对于是否将虚报专项附加扣除作为逃税手段，争议较大。有意见认为，虚报专项附加扣除不宜明确作为逃税手段，主要理由是：实践中，虚报专项附加扣除较为普遍，如将该项作为逃税手段，可能造成打击面过大，对司法实践有重大影响。经研究认为，有必要增加虚报专项附加扣除作为逃税手段，理由是：其一，虚报专项附加扣除只是逃税罪中欺骗、隐瞒的手段之一，构成逃税罪，不仅要有该行为，还要达到一定的逃税数额和比例，同时受行政处理前置程序限制；其二，从实践看，以虚报专项附加扣除的方式逃税达到定罪量刑的数额和比例比较难，但这种行为又确实是实践中比较多发的逃税方式之一，为了体现司法对这种行为的否定性评价，引领纳税人诚实申报纳税，故将虚报专项附加扣除从行为性质上界定为逃税而予以列举。

第三，将提供虚假材料，骗取税收优惠作为逃税手段。实践中，有的纳税义务人通过骗取税收优惠政策逃税，如利用国家鼓励企业安置残疾人就业的税收优惠政策，伪造安置残疾人就业材料，骗取税收优惠等。之前，以此逃避缴纳税款的行为，实践中鲜有作为逃税犯罪处理的。为了回应执法司法需求，结合逃税罪的本质特征，《解释》将骗取税收优惠作为逃税的新型手段之一予以规定。

第四，将编造虚假计税依据作为逃税手段。"编造虚假计税依据"的涵盖面更广，税务机关建议将此单独列明，以应对执法司法实践中可能出现的新型手段。《解释》予以采纳。

第五，删除《关于审理偷税案件解释》第一条第五项规定的"缴纳税款后，以假报出口或者其他欺骗手段，骗取所缴纳的税款"。主要考虑是刑法第二百零四条第二款的规定已非常明确，故《解释》无须再行规定。

第六，为防止挂一漏万，《解释》作了兜底性规定。需要说明的是，适用兜底性规定的行为类型，必须是为了"不缴、少缴税款"。

(2) 关于"不申报"的解读。逃税罪是故意犯罪，故以"不申报"方式逃税的，应以行为人主观上明知应申报纳税而故意不申报为前提。《解释》规定了三种可认定为纳税人明知应当申报而不申报的情形：一是依法在登记机关办理设立登记的纳税人，发生应税行为而不申报纳税的；二是依法不需要在登记机关办理设立登记或者未依法办理设立登记的纳税人，发生应税行为，经税务机关依法通知其申报而不申报纳税的；三是其他明知应当依法申报纳税而不申报纳税的。前两种情形，都能证明纳税人在发生应税行为后，主观上明知负有纳税义务。

(3) 关于扣缴义务人构成逃税罪规定的解读。对扣缴义务人构成逃税罪的定罪量刑标准，《解释》规定只要达到数额较大即可，删除了《关于审理偷税案件解释》中对逃税比例的要求。主要是刑法修正案

(七) 对逃税罪关于扣缴义务人构成逃税罪的罪状作了修改，只有数额较大的要求，没有逃税比例的要求。同时，为防止扣缴义务人与纳税人就应纳税款是否已扣相互推诿，《解释》第一条第三款借鉴《审理偷税案例解释》第一条第二款的规定精神，明确“扣缴义务人承诺为纳税人代付税款，在其向纳税人支付税后所得时，应当认定扣缴义务人‘已扣、已收税款’”。这里的“承诺”只要有证据证明有此承诺即可，不再要求是“书面承诺”；将“向纳税人支付税后所得时”视为已扣、已收税款。

2. 关于逃税罪定罪量刑数额标准规定的解读

《解释》第二条规定了纳税人及扣缴义务人这两类主体实施逃税罪的定罪量刑数额标准问题。第一款将刑法第二百零一条第一款规定的纳税人逃避缴纳税款“数额较大”“数额巨大”的标准，分别规定在10万元以上不满50万元和50万元以上。主要基于以下考虑：其一，刑法第二百零一条第一款对逃税罪规定了两个档次的法定刑，司法实践中对刑法规定的逃税“数额较大”“数额巨大”的界定标准有分歧，《审理偷税案例解释》第一条将逃税定罪的数额规定为1万元；《立案追诉标准（二）》第五十二条将逃税犯罪的立案追诉标准规定为10万元，需要统一裁判标准。其二，从《审理偷税案件解释》出台到现在已逾二十年，我国社会经济水平已发生巨大变化，而《立案追诉标准（二）》出台于2022年，相比较来说更符合当前的经济发展水平，且近年来，有关经济犯罪、职务犯罪的定罪量刑数额标准都已大幅提高，逃税犯罪的定罪量刑数额标准也应适当提高。其三，刑法修正案（七）对逃税罪增加了“不予追究刑事责任”的规定，表明立法对逃税行为并非一律强调予以刑事打击，同时重视对税款损失的挽回，适当提高逃税罪的追诉标准符合这一立法精神。其四，逃税罪系纳税人逃避无偿向国家缴纳税款义务的不作为犯罪，与以作为方式侵犯财产犯罪的危害性有所区别。

第二款对扣缴义务人构成逃税罪的相关数额标准予以明确。刑法第二百零一条第二款没有逃税数额巨大的规定，对于扣缴义务人逃税数额巨大的，能否适用该条第一款的规定有争议。经研究认为，《解释》规定扣缴义务人不缴或者少缴已扣、已收税款，数额巨大的，也按照前款纳税人逃税数额巨大的标准处罚，并非对刑法第二百零一条第二款规定的突破，而是对该条款的当然解释，主要理由是：刑法第二百零一条第二款对扣缴义务人的规定，表明其不缴、少缴已扣、已收税款的行为，在性质上与逃税人的逃税行为性质一样。根据“举轻以明重”的解释规则，轻的行为都构成了犯罪，依照前罪法定刑处罚，则重的行为当然也应该适用前罪重的法定刑，不能因为刑法条文没有“数额巨大的，依照第一款的规定处罚”的规定，就认为重行为不能适用该条第一款的加重法定刑，否则就是对法条和罪刑法定原则的机械理解，也违反罪刑相适应原则。刑法该款对数额巨大的情形未明确予以规定，是基于立法技术的要求，根据刑法解释规则当然可以得出重行为也适用前款规定的结论。类似的规定在刑法中并不少见，如刑法第一百八十条第四款关于利用未公开信息交易罪的规定中，亦只有“情节严重的，依照第一款的规定处罚”，而没有“情节特别严重”如何处理的规定。对此，根据“举轻以明重”的解释规则，并不影响得出对情节特别严重行为依照该条第一款处罚的结论。

3. 关于逃税行为不予追究刑事责任相关规定的解读

刑法修正案（七）增设对逃税犯罪不予追究刑事责任的特别规定后，司法实践中对该条款的适用对象、适用条件等的理解不一、分歧较大，特别是对行政处理是否属于刑事前置程序争议大。为统一司法认定，《解释》对如何理解刑法第二百零一条第四款作了明确规定。

（1）关于逃税犯罪不予追究刑事责任的适用条件。《解释》第三条第一款规定了对逃税罪不予追究刑事责任的三个条件。该三个条件必须齐备，缺一不可。

第一，必须在公安机关立案前。主要考虑：其一，有利于督促逃税人及时补缴税款，使国家税款及时得到收缴；其二，在逃税行为被发现后、立案前，行为人及时补缴税款、缴纳滞纳金，接受行政处罚，体现了行为人知错、认错、悔错的态度；其三，如规定在立案之后，将会导致有些案件在侦查、审查起诉甚至法院审理后，因行为人补缴税款、缴纳滞纳金、接受行政处罚而又撤案的情况，造成司法资源的浪费。

第二，必须经税务机关下达追缴通知后在规定期限内足额补缴应纳税款、缴纳滞纳金。为了有利于挽回税收损失，防止留给纳税人补缴税款的时间过短，一发现就要追究刑事责任的情况，《解释》明确，“规定期限”除了税收征管法规定的期限，还包括税务机关根据法律规定批准纳税人延缓、分期缴纳税款的期限，在上述期限内能够补税挽损的，也符合不予追究刑事责任的条件。补缴的损失，不仅包括税款本金，还包括滞纳金；补缴的数额必须是全额，而不是部分。

第三，纳税人全部履行税务机关作出的行政处罚决定。《解释》将刑法第二百零一条第四款“已受行政处罚”明确为“全部履行税务机关作出的行政处罚决定”，主要考虑“已受行政处罚”是指已经受到行政处罚，对行政机关的处罚决定予以履行；如果行为人拒不履行行政处罚决定，既不是“已受”行政处罚，又体现出行为人拒不悔改的态度。

（2）关于逃税犯罪不予追究刑事责任排除适用的理解。《解释》第三条第一款后半部分明确了排除对逃税罪不予追究刑事责任的适用条件，即“五年内因逃避缴纳税款受过刑事处罚或者被税务机关给予二次以上行政处罚的除外”。该规定与刑法第二百零一条第四款的规定一致。这里的“五年内”，应为实施本次依法应当追究刑事责任的逃税行为之前五年，这与刑法第八十九条关于追诉期限计算的规定不矛盾。例如，某纳税人在2020年1月1日至2023年2月1日，多次实施逃税行为，如果其在2020年1月1日之前的五年内，即2015年1月1日至2019年12月31日，没有因逃税受过刑事处罚或者二次以上行政处罚的情况，即符合刑法第二百零一条第四款规定的补缴税款、缴纳滞纳金、已受行政处罚条件的，对其在2020年1月1日至2023年2月1日的逃税行为可不予追究刑事责任。“二次以上行政处罚”，当然是不包括本次在内的行政处罚，如果“二次”包括本次在内，则刑法直接表述为“受过刑事处罚或者被税务机关给予行政处罚的除外”即可，无须区分刑事处罚和“二次以上行政处罚”。

(3) 关于行政处理前置的规定。《解释》第三条第二款明确规定，对逃税犯罪案件追究刑事责任，必须先经税务机关行政处理。即对于逃税行为，应当以税务机关先行行政处理为前提，不能不经税务机关行政处理而直接进入刑事诉讼程序。实践中，一种意见认为，税务机关没有进行行政处罚，公安机关就不能直接立案侦查；另一种意见认为，对于税务机关没有下达追缴通知的，公安机关不能直接立案侦查，但如果税务机关已经下达追缴通知，行为人仍不缴纳税款、滞纳金的，即便税务机关尚未进行行政处罚，公安机关也可立案侦查。经研究，《解释》采用第二种意见，主要考虑：其一，刑法第二百零一条第四款规定的不予追究刑事责任的设置，已非常有利于纳税人，司法上不宜再进行扩大；其二，有利于督促税务机关及时履职，防止因渎职、失职导致逃税犯罪不能被追究刑事责任的情况发生。

(4) 关于对逃税行为不予追究刑事责任，但同时构成其他犯罪的认定。实践中，逃税行为往往伴随着虚开发票，隐匿、故意销毁财务资料等违法犯罪行为。根据刑法第二百零一条第四款的规定，对符合该条款规定的逃税行为不予追究刑事责任，但如果逃税的手段行为同时构成虚开发票罪等其他犯罪的，是否追究该手段行为的刑事责任，对此有争议。一种观点认为，目的行为尚且不被追究刑事责任，手段行为则更不能被追究刑事责任；且逃税行为往往都是通过犯罪手段实现的，如果对该手段追究刑事责任，则可能导致刑法第二百零一条第四款规定被架空。另一种观点则认为，应该依法追究手段行为的刑事责任，理由是：

逃税行为既可以通过违法手段实施，也可能通过犯罪手段实施，刑法第二百零一条第四款规定的“不予追究刑事责任”，仅针对逃税犯罪不予追究刑事责任，而不能由此延伸到对逃税的手段犯罪行为也不予追究刑事责任；对手段犯罪行为依法定罪处罚，符合对牵连犯从一重处的处罚原理，有利于对逃税违法犯罪行为的打击。该问题有争议，《解释》没有明确，待积累经验后再通过适当方式明确。我们倾向同意第一种观点。

4. 关于逃税罪的认定数额和比例规定的解读

《解释》第四条第一款明确了“逃避缴纳税款数额”。一是将逃避缴纳税款限定为税务机关负责征收的“税”，而不包括税务机关代征的“费”。主要考虑社保费等部分费虽由税务机关代征，但“费”与“税”在功能、稳定性等方面均不同，逃费与逃税有本质区别。二是将逃避缴纳税款明确为完全不缴和部分不缴税款两种情形。三是明确对同时逃避多个税种税款的数额，按照所逃各税种税款的总额计算。

《解释》第四条第二款明确“应纳税额”的范围。根据税收法定原则，缴纳税款的依据、数额，必须有法律、行政法规的明确规定。当前，我国有权征税的机关除税务机关外，海关有权征收关税、船舶吨税，代征进口环节的增值税、消费税；有些地方的财政机关也负责征收契税。实践中，逃避缴纳契税、船舶吨税的实例少，逃避海关征收的关税、代征的增值税、消费税构成犯罪的，按照走私犯罪处理。因逃税以纳税人负有纳税义务为前提，而纳税人预缴的税款是对纳税人尚未产生的纳税义务的提前设定，因此，《解释》规定逃避缴纳预缴税款的，也不属于逃税。

《解释》第四条第三款和第四款基本沿用了《关于审理偷税案件解释》的规定，详细规定了逃避缴纳税款数额占应纳税额百分比的计算方式。逃税比例=逃税额/应纳税额，这是计算的基本公式。虽然对逃税比例的规定是原有司法解释内容的沿袭，但需要说明的是，对于依法应抵扣的税款，是否应当计算入当期应纳税款，如果计算，是否也应算入当期已缴税款，也就是应抵扣税款是否同时纳入计算公式的分子、分母中，无论是之前的解释，还是《解释》，对此问题都没有明确。在个别极端案件中，这个问题可能直接涉及纳税人逃税比例是否达到 10%这一法定定罪要件，直接关系是否构成犯罪的问题。对于当期免抵税额的金额，在逃税案件中性质如何界定，国家税务总局有关部门就此问题曾商财政部有关部门，达成如下一致意见：对经主管国税机关审核通过的生产企业《免抵退税申报汇总表》第 37 栏“当期免抵税额”的金额，应视同企业应该缴纳并已经缴纳的增值税，计入企业的当期增值税应纳税额和已纳税额。

《解释》第四条第五款明确刑法第二百零一条第三款中的“未经处理”为未经行政处理和刑事处理两种情形。税收征收管理法第六十三条规定，纳税人偷税的，由税务机关追缴其不缴或者少缴的税款、滞纳金，并处不缴或者少缴的税款 50%以上 5 倍以下的罚款；构成犯罪的，依法追究刑事责任。《解释》上述规定，有利于行刑衔接，避免一事两罚。

（二）关于抗税罪的规定

刑法第二百零二条规定以暴力、威胁方法拒不缴纳税款的，构成抗税罪。《解释》第五条进一步明确了该罪的定罪标准，在《关于审理偷税案件解释》第五条的基础上作了修改完善，删除了抗税数额在 10 万元以上的标准，主要考虑是：抗税罪是以暴力、威胁方法危害国家税收征管秩序，是典型的秩序犯，税款数额大小对抗税行为危害的影响价值不大，可作为量刑参考因素。评价抗税人的行为社会危害性应突出“抗”的危害。从行为手段方面，为首聚集抗税，暴力抗税致人轻伤等，均严重危害税收征管秩序，既具有严重的社会危害性，也体现行为人较深的主观恶性。《解释》第五条第二款是一个提示、指引性规定，即抗税罪的“暴力”不应包括致人重伤、死亡的严重暴力。

（三）关于逃避追缴欠税罪的规定

刑法第二百零三条规定，欠缴税款的纳税人采取转移或者隐匿财产的手段，逃避纳税义务，致使税务机关无法追缴其欠缴税款的，构成逃避追缴欠税罪。由于刑法对该罪定罪量刑数额已有明确规定，因此对该罪定罪量刑的数额不再解释。《解释》第六条参照2002年《全国人大常委会关于〈中华人民共和国刑法〉第三百一十三条的解释》第二款第一项（关于拒不执行判决、裁定罪的解释）的规定，经征求税务、公安机关意见，采用列举方式规定了逃避追缴欠税的表现形式：放弃到期债权；无偿转让财产；以明显不合理的价格进行交易；隐匿财产；不履行税收义务并脱离税务机关监管。上述前四种手段都是针对财产实施的具体处置行为，第五种则是典型的“走逃失联”，实践中也较为常见。需要说明的是，上述手段，是认定纳税人是否具有逃避追缴欠税行为的重要标准，而不是唯一标准。如果有证据证明纳税人虽然实施了上述行为，但系基于其他合理原因而不是基于逃避税务机关追缴税款、不履行欠税义务，则不能认定系逃避追缴欠税行为。因此，理解《解释》第六条规定的手段表现，应当根据主客观相统一原则，限定为主观上是“为逃避税务机关追缴”。同时，为防止挂一漏万，设置了兜底性规定。

（四）关于骗取出口退税罪的规定

作为国际通行惯例，为了鼓励本国商品出口，增强国际竞争力，国家允许本国商品以不含税价格进入国际市场，即在货物出口后退还在国内生产和流通环节的已纳税款，避免国际双重课税。不法分子利用国家这一税收政策，以假报出口或者其他欺骗手段，将没有出口或者虽出口但不应退税的业务等伪装成应退税业务，骗取出口退税款，诈骗国家财产。这种行为从本质上是非法占有国家财产的诈骗型犯罪，就危害性来说，本罪是性质最严重、危害最大的危害税收征管犯罪，应依法从严惩处。为此，刑法第二百零四条规定，以假报出口或者其他欺骗手段，骗取国家出口退税，数额较大的，构成骗取出口退税罪。为准确适用刑法这一规定，有效惩治犯罪，《解释》第七条至第九条对骗取出口退税罪的行为表现、定罪量刑标准以及既遂、未遂和共犯等内容作了解释。

1. 关于骗取出口退税罪行为方式的解读

自《审理骗税案件解释》实施以来，二十多年间，我国进出口贸易发生了翻天覆地的变化，随着进出口贸易额的不断翻升，骗取出口退税的手段也不断翻新。根据税务、公安机关近年来查处的骗税案件中发现的新型骗税手段，《解释》第七条在《审理骗税案件解释》有关规定的基础上，通过列举方式对骗取出口退税罪的行为方式作了完善。

一是完善有关表述。随着经济社会发展，我国出口从过去以货物出口为主发展为自营出口业务、代理出口业务、加工补偿出口业务等多种业务类型出口，出口退税不限于出口货物，根据相关政策，还包括对外承接修理修配劳务等，故《解释》将《审理骗税案件解释》中的“出口货物”修改为“出口业务”，将“货物出口”修改为“出口”。同时，因享受出口退税的在出口环节不征税，不存在“纳税”，为表达更精准，将“未纳税”修改为“未负税”。

二是新增三项规定。近年来，税务、公安机关在查处骗税案件中发现，除了传统骗税手段外，实践中出现了一些新型的骗税手段。例如，将他人的出口业务冒用为自己的出口业务申报退税；将同一批次的货物循环“报关出口”申报退税；虚报出口产品的功能、用途，将不享受退税政策的产品申报为退税产品；等等。针对上述新情况，为适应同犯罪作斗争的需要，《解释》将这些新手段予以明确，以加强裁判指引、统一裁判尺度。需要说明的是，有意见提出，对《解释》第七条第六项“在货物出口后，又转入境内或将境外同种货物转入境内循环进出口并申报出口退税的”不作规定，理由是：此类行为在行政管理层面均未被明确禁止，将其规定为骗取出口退税罪的骗税手段，似有不妥；对于确有必要定罪处罚的，可以适用兜底条款或者其他罪名以个案予以处理。经研究认为，此类犯罪情况较为复杂，但实践中确实出现利用出口退税政策，将货物报关出口，又通过各种方式入境后，再报关循环出口的情况，其目的是骗取出口退税。对此行为，如果以走私普通货物、物品罪对个案进行定罪处罚，显然对全部行为的评价不充分——既无法评价该行为骗取出口退税这一目的，也无法评价其中的骗取出口退税环节行为。为罚当其罪，故《解释》作了如上规定。

三是删除两项入罪情形。其一，删除了“骗取出口货物退税资格的”情形。与二十多年前相比，现阶段我国的进出口贸易采取备案登记制度，手续简便、门槛较低，进出口经营权不再是少数企业的专有权利，中小型民营企业均可在备案登记后，自主开展进出口贸易，无须通过骗取出口退税资格进行退税；近年来，实践中并未发现单纯以骗取出口退税资格的手段骗取出口退税的情形。其二，删除了以伪造的增值税专用发票或者其他可以用于出口退税的发票骗税的规定。随着“金税三期”工程的完成和“金税四期”工程的推进，实践中基本不可能出现以伪造的发票骗取退税的情况。

2. 关于骗取出口退税罪定罪量刑标准的解读

刑法第二百零四条对骗取出口退税罪根据数额、情节设置了三个档次的法定刑。数额标准分别为“数额较大”“数额巨大”“数额特别巨大”；情节标准分别为严重情节和特别严重情节，分别与“数额巨大”“数额特别巨大”相并列。《解释》第八条对刑法该条所规定的数额、情节标准作了细化。

（1）关于骗取出口退税罪定罪量刑数额标准规定的考量。骗取出口退税罪是危害性最为严重的危害税收征管犯罪，当前该罪仍然多发，在沿海出口业务发达地区尤甚，必须依法从严打击。合理设定定罪量刑数额标准，对于依法打击该类犯罪具有重要意义。对于如何划定骗取出口退税罪的定罪量刑数额标准，有三种意见。第一种意见认为，《审理骗税案件解释》设置的5万元的入罪标准符合当前经济发展实际，可以继续沿用。第二种意见建议同时提高骗取出口退税罪与虚开增值税专用发票罪的定罪量刑标准。鉴于本罪与以骗取税款为目的的虚开增值税专用发票罪危害性相当，在考量定罪量刑标准时，两罪的定罪量刑数额标准应相当，为防止打击面过宽，应同时提高两罪的定罪量刑标准。即基本犯的数额为10万元以上不满100万元，数额巨大的标准是100万元至1000万元，数额特别巨大的标准是1000万元以上。第三种意见认为，骗取出口退税罪定罪量刑数额标准的设置应考虑多种因素：其一，骗取出口退税严重危害国家税收和经济安全，特别是长期、大额的骗取出口退税的犯罪行为，危害巨大，应从严打击，不能将该数额定得太高；其二，经过二十多年的发展，我国经济水平大幅提高，《审理骗税案件解释》规定的定罪量刑标准与当前经济水平已不相匹配，应适当提高；其三，个罪的定罪量刑标准应与其他经济犯罪的定罪量刑标准平衡。《解释》基本上采纳了第三种意见，分别以10万元、50万元和500万元为界限，对骗取出口退税罪的定罪量刑数额标准，在《审理骗税案件解释》规定的基础上既有所提高，但又没有提得过高，即现在所规定的标准，既防止因入罪标准过低而造成犯罪圈划定过大、打击面过宽的问题，又防止因对“数额特别巨大”的设置过高，导致重罪轻罚的情况。

(2) 关于骗取出口退税罪定罪量刑情节规定的解读。《解释》第八条第二款、第三款，在《审理骗税案件解释》第四条、第五条的基础上进行了修改完善，分别规定了“其他严重情节”“其他特别严重情节”的三种具体情形和兜底情形。对骗取出口退税罪情节的认定，应当结合行为人的主观恶性和行为的客观危害结果。两年内实施三次以上虚假申报出口退税的，以及五年内因骗取国家出口退税受过刑事处罚或二次以上行政处罚又实施骗取国家出口退税的，均表明行为人具有较深的主观恶性，同时结合造成的实际危害结果在30万元以上的情节，将之规定为“其他严重情节”符合主客观相统一原则。将能否追回损失的时间节点由《审理骗税案件解释》规定的“第一审判决宣告前”修改为“提起公诉前”，主要考虑：一方面，给行为人预留了退还所骗税款的时间，如行为人在此期间仍不退还所骗取的税款，则表明其主观上不想退还或客观上退还的可能性已很小；另一方面，有利于督促行为人及时退还所骗取税款，防止无限期拖延。同时，这一时间节点的设置，与《最高人民法院、最高人民检察院关于办理妨害信用卡管理刑事案件具体应用法律若干问题的解释》等司法解释的规定一致。为防止遗漏，《解释》对情节严重和情节特别严重的情形均设置了兜底性规定。

3. 关于骗取出口退税罪其他规定的解读

（1）关于骗取出口退税罪犯罪形态的认定。《解释》第九条第一款规定了骗取出口退税罪的既遂、未遂的判定标准。骗取出口退税罪是财产犯罪，对其既未遂的认定标准与财产犯罪的既未遂标准应一致。骗取出口退税的行为人主观上具有通过欺骗手段非法占有出口退税款的故意，客观上实施骗取出口退税行为，并发生出口退税款被骗取的实际危害结果，具备犯罪构成的全部要件，应认定为既遂。行为人虽然已经着手实施骗取出口退税行为，但因意志以外的原因，没有实际取得出口退税款的，系犯罪未遂，根据刑法第二十三条之规定，可以从轻或者减轻处罚。实践中，经常会遇到同一行为人多次实施骗取出口退税行为，其中既有既遂，又有未遂。对两种犯罪形态并存时的骗取出口退税行为应分开评价还是整体评价，应当如何量刑，犯罪数额能否直接累加等问题，均是实践中的难题。《解释》起草过程中，参照2013年《最高人民法院、最高人民检察院关于办理盗窃刑事案件适用法律若干问题的解释》第十二条第二款的规定，对上述问题曾予以明确：多次实施骗取国家出口退税行为，既有既遂，又有未遂，分别达到不同量刑幅度的，依照处罚较重的规定处罚；达到同一量刑幅度的，以骗取出口退税罪既遂处罚。但考虑到，对财产性犯罪既未遂的认定，都应该遵循上述认定规则，即便司法解释没有规定，按照刑法解释原理也应得出这一结果，故没有必要予以明确。

（2）关于中介帮助骗取出口退税犯罪行为定性的解读。随着经济社会发展，中介组织在社会生活中愈加重要。从事货物运输代理、报关、会计、税务、外贸综合服务等中介组织按国家有关进出口经营规定出具证明文件，对经营进出口业务的纳税人缴纳税款起到至关重要的作用。然而，中介组织及其人员故意提供虚假证明文件或出具证明文件重大失实等问题屡见不鲜，导致骗取国家出口退税款的情况时有发生，严重危害国家税收征管秩序，应当依法予以惩处。

对中介组织及其人员提供虚假证明文件致使他人骗取出口退税行为性质的界定，需要遵循主客观相统一原则和刑法共同犯罪原理，要根据是否有共同犯罪故意而分别处理：为他人提供虚假证明文件，但没有与他人骗取出口退税的共同故意的，按照提供虚假证明文件罪处理；因严重不负责任，出具的证明文件有重大失实，造成严重后果的，按照出具证明文件重大失实罪处理；与他人共谋或明知他人为骗取出口退税仍为其提供虚假证明文件的，按照《解释》第十九条的规定，以骗取出口退税罪共犯论处。《解释》第九条第二款的规定，仅是针对中介组织及其人员与骗取出口退税行为人之间没有共同故意的情况。

（五）关于虚开增值税专用发票、用于骗取出口退税、抵扣税款发票罪的规定

对虚开增值税专用发票、用于骗取出口退税、抵扣税款发票罪（为论述方便，以下除特别需要说明之处外，均简称虚开增值税专用发票罪）的理解，无论是在理论界，还是在实务界，都争议很大。经过反复论证、广泛征求各方意见，《解释》第十条、第十一条对虚开增值税专用发票罪作了实质性限缩解释，并对定罪量刑标准作了调整。

1. 关于虚开增值税专用发票罪构成要件的解读

虚开增值税专用发票罪源于1995年《全国人民代表大会常务委员会关于惩治虚开、伪造和非法出售增值税专用发票犯罪的决定》规定。1997年刑法修订时，对该单行刑法的具体条文基本照搬，但对“为了惩治虚开、伪造和非法出售增值税专用发票和其他发票进行偷税、骗税等犯罪活动，保障国家税收”的立法目的未引入刑法第二百零五条。与三十年前相比，实践中虚开增值税专用发票行为从手段到目的，进而到社会危害性已经发生很大变化，除了最初的虚开以骗抵税款的最典型虚开外，还出现了诸如为虚增业绩、融资贷款甚至逃税等目的而不抵扣税款的虚开等。不同类型的虚开，主观恶性、社会危害性不同，是否都因其符合刑法第二百零五条规定的形式要件而都以虚开增值税专用发票罪论处，理论界和实务界均存在分歧。《解释》在征求意见时，各有关部门均一致认为，对虚开增值税专用发票罪应当进行一定的限缩解释，防止打击范围过大；但对于限缩的范围如何界定，争议很大。鉴于难以从正面界定达成一致认识，《解释》第十条第二款以例外规定的方式，对虚开增值税专用发票罪作出了界定。

(1) 虚开增值税专用发票罪的犯罪属性与不法本质。刑法是“其他法律的保护法”，作为犯罪的实行行为在性质上是危害性最为严重的违法行为。如前所述，不同的“虚开”类型，主观恶性、客观危害性等差异很大，结合本罪最高可以判处无期徒刑的法定刑设置，对本罪名的“虚开”行为应该进行限缩解释。各界对为虚增业绩、融资、贷款等目的而虚开，且没有造成税款损失的行为，不以本罪论处，能形成一致意见。基于此共识，《解释》第十条第二款明确规定，对于为虚增业绩、融资、贷款等不以骗抵税款为目的，没有因抵扣造成税款被骗损失的，不以本罪论处，构成其他犯罪的，依法以其他犯罪追究刑事责任。如何基于该规定，对虚开增值税专用发票罪的构成要件进行界定，需要根据增值税专用发票的功能等进行论理分析。

关于虚开增值税专用发票罪的属性，因刑法条文表述的原因，理论界、实务界对该罪的理解形成不同观点，主要有：①行为犯说。该观点认为，从刑法第二百零五条的表述看，并没有规定该罪的主观要件要有偷逃税款或骗取税款的目的，虚开增值税专用发票无论是否给国家造成税款损失，都破坏了国家税收征管秩序。因此，无论是否具有偷骗税的目的，只要实施虚开增值税专用发票行为，达到入罪数额标准的，即构成本罪既遂。虚开增值税专用发票在设立之初，行为犯说为刑法理论和实务界通说。②危险犯说。该观点认为，司法机关应以一般的经济运行方式为根据，判断是否具有骗取国家税款的危险（造成国家税款损失的危险）。如果虚开行为不具有骗取国家税款的危险，则不宜认定为本罪。③结果犯说。即认为构成本罪要求给国家税款造成损失。④目的犯说。即认为成立本罪要求行为人具有骗取国家税款的目的。还有学者提出抵退计征机制或抵退计征秩序是本罪侵犯的法益的观点。

增值税是为避免重复征税而设计的，通过增值税专用发票环环抵扣实现其目的。因此，增值税专用发票最核心的功能就是凭票抵扣税款的功能；当然，其也具有其他的发票功能。随着经济的发展，增值税专用发票的用途日益广泛，虚开增值税专用发票的目的逐渐多元化，不再局限于最初入罪时的骗抵税款这一唯一目的。广义上，一切不真实的开具增值税专用发票行为都可以称为“虚开”。行为犯说入罪门槛低，与该罪的法定刑配置不协调，备受争议，对本罪进行限缩解释成为共识。

对虚开增值税专用发票罪进行限缩解释，必须立足增值税专用发票的核心功能，根据罪责刑相适应原则进行。增值税发票分为专用发票和普通发票。虚开增值税普通发票，情节严重的，根据刑法修正案（八），构成虚开发票罪，法定最高刑为七年有期徒刑；而虚开增值税专用发票罪的法定最高刑为无期徒刑。如果认为虚开增值税专用发票罪侵犯的是发票管理秩序，则无法解释同样为侵犯发票管理秩序的犯罪，为何法定刑差距如此之大。增值税专用发票的核心功能是抵扣税款，只有利用该核心功能进行虚开抵扣即骗抵税款的，才能认定为虚开增值税专用发票罪。这种行为，本质上是以非法占有为目的、骗取国家财产行为，对其处以重刑，符合罪责刑相适应原则；反之，即便虚假开票，但没有利用增值税专用发票核心功能的，则不应以本罪论处。这就与《解释》第十条第二款规定相一致了。

关于《解释》第十条第二款“为虚增业绩、融资、贷款等不以骗抵税款为目的，没有因抵扣造成税款被骗损失”的理解。第一，“不以骗抵税款为目的”是本质，所列举的“虚增业绩、融资、贷款”是表现形式，“等”表明不限于所列举的三种形式。第二，不能由“没有因抵扣造成税款被骗损失”的规定而推论得出构成本罪必须以“抵扣造成税款被骗损失”为要件的结论。从逻辑上，对该联言判断表述的否定，即构成本罪应“以骗抵税款为目的”或者“因抵扣造成税款被骗损失”，而“因抵扣造成税款损失”则在一般情况下当然可以认定行为人主观上具有“骗抵税款目的”，除非有相反证据证明该损失超出其预料，否则只要发生抵扣造成税款损失的结果，就可以推定行为人主观上具有骗抵税款的目的。2018年12月，最高人民法院发布的人民法院充分发挥职能作用保护产权和企业家合法权益典型案例（第二批）中的张某强虚开增值税专用发票案，裁判要旨中明确，张某强的行为“不具有骗取国家税款的目的，未造成国家税款损失，其行为不构成虚开增值税专用发票罪”。《解释》的规定与该案裁判要旨的精神一脉相承。

（2）虚开增值税专用发票罪与关联犯罪之间的关系。据统计，全国法院每年审理的虚开增值税专用发票刑事案件数量，占同期危害税收征管犯罪案件的一半以上，其中不少是纳税人为逃避缴纳税款而实施的虚开。对虚开增值税专用发票罪的理解，最有争议的是对为了逃税而虚开的行为如何定性，同时也涉及对本罪与非法出售增值税专用发票罪、非法购买增值税专用发票罪之间的关系如何厘清的问题。

关于虚开增值税专用发票罪与逃税罪的界分。两罪最关键的区别在于主观上是基于骗取国家税款的故意，还是基于逃避纳税义务的目的。我们认为，第一，纳税人在应纳税义务范围内，通过虚增进项进行抵扣以少缴纳税款的，即便采取了虚开抵扣的手段，但主观上还是为不缴、少缴税款，根据主客观相统一原则，应以逃税罪论处。这也是《解释》第一条第一款第三项将“虚抵进项税额”作为逃税罪的“欺骗、隐瞒手段”之一规定的考虑。第二，纳税人超过应纳税义务范围，通过虚开抵扣税款，不仅逃避了纳税义务，同时还骗取国家税款的，则在应纳税义务范围内的部分成立逃税罪，超过部分成立虚开增值税专用发票罪，属于一行为同时触犯两罪名的竞合犯，按照从一重处原则处理。理由主要是：其一，符合主客观相统一原则。如上所述，纳税人虚抵进项税额，在应纳税范围内是为了不缴、少缴税款，即还是为了逃税；但如果超过应纳税范围进行抵扣，则超过部分就不再是为了逃避纳税义务，即超过了逃税的故意而是基于骗抵国家财产的故意。其二，与刑法第二百零四条第二款关于骗取出口退税罪与逃税罪关系的规定精神保持一致。刑法第二百零四条第二款规定，纳税人缴纳税款后，采取虚报出口或者其他欺骗手段，骗取所缴纳的税款的，依照逃税罪定罪处罚。由此可见，刑法对逃税罪是从逃避纳税义务的本质进行认定的，无论行为人是事先采取欺骗、隐瞒手段以不缴、少缴税款，还是先行缴税再将所缴税款骗回的行为，刑法都评价为逃税，而不是将后者评价为骗税。同样的道理，为逃税而虚开抵扣的行为，虽然也有骗抵行为，但出发点还是为了不缴、少缴税款，即纳税人虚抵进项税额的目的，归根结底，是在其应纳税范围内逃税。其三，有利于涵养税源。对负有纳税义务的市场主体，基于主客观相统一原则，将其在应纳税义务范围内的虚抵进项税额行为评价为逃税行为，不是对违法犯罪行为的放纵，而是在不违反法律规定的前提下对实体经济的有效保护，不会致企业因犯轻罪而被重判，尽可能减少因一案而导致企业垮台的情况发生。对于空壳公司，因其不负有纳税义务，不能按照上述原则处理。其四，这一观点也与全国人大常委会法工委对该问题的观点一致。

关于虚开增值税专用发票罪与非法出售增值税专用发票罪、非法购买增值税专用发票罪的界分。虚开增值税专用发票，受票方往往以支付“开票费”“税点”等名义，从他人处获得进项票后进行抵扣，由此开票方与受票方之间又同时形成非法出售与非法购买增值税专用发票的关系。对受票方来说，如果其取得虚开的发票后继而骗抵税款，则其系以非法购买增值税专用发票的犯罪手段，达到虚开增值税专用发票的犯罪目的，系目的行为与手段行为的牵连犯，按照从一重处原则定罪处罚，即按照刑法第二百零八条第二款的规定定罪处罚；如受票方非法购买增值税专用发票后，不是用以骗抵税款，而是用于其他目的，如其他目的不构成犯罪的，则构成非法购买增值税专用发票罪一罪；如其他目的构成其他犯罪的，则构成非法购买增值税专用发票罪与其他目的罪的牵连犯。对于开票方来说，如不能证明其与受票方存在共同故意，其收取“开票费”“税点”后为他人开票的行为，本质上是把增值税专用发票当作商品出售，是非法出售增值税专用发票行为，与受票方不能认定为共同犯罪，对其行为定性亦不应受制于受票方的行为性质。正如贩卖毒品的行为人向他人贩卖毒品后，其构成贩卖毒品罪，至于他人购买毒品是用于贩卖构成贩卖毒品罪，还是用于自吸构成非法持有毒品罪，对售毒者的犯罪性质没有影响。因此，对于开票方，在此情况下按照非法出售增值税专用发票罪定罪处罚，有利于体现对其从严打击精神。一是实践中开票方多是空壳公司，没有实际经营行为，其以开票为业，这种所谓的“公司”于社会主义市场经济有百害而无一利，必须从严打击；二是实践中，开票方与受票方通过网络交易越来越多，对开票方来说多属于“来者不拒”型开票，认定其与受票方存在共同故意既面临取证上的困难，也与客观实际不符；三是对非法出售增值税专用发票罪的取证、认定，只需要有开票方收取对方钱款而将增值税专用发票当作商品开给对方的证据即可认定，有利于对此类犯罪的指控；四是非法出售增值税专用发票罪与虚开增值税专用发票罪的法定刑一致，不存在重罪轻判的担忧。

2. 关于虚开增值税专用发票罪表现形式的解读

刑法第二百零五条第三款规定，虚开可以是为他人、为自己、让他人为自己、介绍他人虚开之一。刑法的这一规定，也是源于前述1995年单行刑法的规定，我们认为这是一个提示性的规定，没有该规定，根据刑法共同犯罪的原理，也可以得出这一结论。抵扣税款的前提是进项缴纳了税款，如果进项没有缴纳税款则无权抵扣。基于这一认识，结合我国税收征管制度逐步完善的实际，尤其是金税四期系统建设及推行，税收征管由“以票控税”向“以数治税”的转变，《解释》按照司法实践中常见的虚开类型，将虚开的类型归纳为“无货虚开”“有货虚开”“虚构交易主体型虚开”和通过篡改发票电子信息虚开等类型。需要说明的是，“有货虚开”，是指虽有真实交易，但发票上的可抵扣税额超过实际应抵扣的税额，包括以不含税价购买商品而从第三方取得发票以抵扣成本的虚开。“虚构交易主体型虚开”，主要是针对根据法律规定不能抵扣的受票方，通过虚构交易主体，以该虚构的主体抵扣税款，从而实现骗抵税款的虚开。同时为防止因列举不全，或者将来出现新型虚开手段，设置了兜底规定。符合列举手段的行为，只是认定是否虚开的形式，认定是否构成虚开犯罪的关键，还是要从本罪的本质来认定。

3. 关于虚开增值税专用发票罪加重情节的解读

《解释》第十一条第二款规定了两种应当认定为“其他严重情节”的情形。其一，在提起公诉前，无法追回的税款数额达到30万元以上，意味着虽未达到加重犯的数额标准，但犯罪行为造成的税款损失极大可能已无法挽回，对其加重处罚符合罪责刑相适应原则。其二，行为人在五年内因虚开发票受过刑事处罚或者二次以上行政处罚再次虚开发票，表明其拒不悔改，人身危险性大。为体现出对职业“票贩子”的从严打击，这里的“因虚开发票”不宜限定为“因虚开增值税专用发票”，而应该解读为一切虚开发票行为，既包括虚开专用发票，也包括虚开普通发票的行为。需要说明的是，《解释》未将“两年内三次以上虚开”作为其他严重情节明确列举，主要考虑：与骗取出口退税罪的既遂不同，实践中行为人基于骗抵税款目的虚开增值税专用发票的，一般都是多次虚开，很少只虚开一两次。因此，如将“两年内三次以上虚开”亦作为“其他严重情节”之一，可能导致查处的虚开行为都属于情节严重的情况；同时，对连续虚开未经处理的，按照累计数额计算，也可以实现从严打击。

4. 关于虚开税款数额计算的解读

对于虚开数额的计算，应根据具体情形进行认定：其一，只虚开进项税票，或者只虚开销项税票的，虚开税款数额按照虚开的总数额计算。实践中这种情形没有争议。其二，以同一购销业务名义，即进项与销项之间具有关联性，如品名相同，既虚开销项票，又虚开进项票的，以其中较大的数额认定虚开数额，不按照虚开的进项和销项总数额累计计算。其三，对不能区分是否基于同一购销业务，既虚开进项票，又虚开销项票的，应如何认定虚开数额，目前尚未达成共识，《解释》对此未规定。我们倾向以累计数额计算。

（六）关于虚开发票罪的规定

2011年，刑法修正案（八）增设虚开发票罪，将情节严重的虚开发票行为纳入刑法规制。自入刑以来，本罪的犯罪数量持续上升。司法实践中，对构成本罪是否需要有造成税款损失的结果，本罪中的发票是否包括伪造的发票，本罪与虚开增值税专用发票罪的关系，以及“情节严重”“情节特别严重”应如何认定等一系列问题，都缺乏统一认识。《解释》对上述问题作了相应规定。

1. 关于虚开发票罪构成要件的解读

根据刑法修正案（八），刑法第二百零五条之一规定了虚开发票罪，但并未明确虚开的行为方式。同时，在《解释》第十条第二款将虚开增值税专用发票罪进行限缩解释后，为防止实践中出现对虚开发票罪是否也需要具备特定目的的错误认识，有必要结合与虚开增值税专用发票罪的区别，对虚开发票罪的构成要件进行分析。两罪的区别主要体现在：一是犯罪对象不同。从刑法第二百零五条之一的文义上看，虚开增值税专用发票罪的犯罪对象是增值税专用发票，虚开发票罪的犯罪对象是除增值税专用发票、用于骗取出口退税、抵扣税款发票之外的其他发票。二是犯罪目的不同。如前所述，虚开增值税专用发票罪要有利用增值税专用发票的核心功能骗抵税款的目的。虚开发票罪是刑法修正案（八）新增罪名，之前虚开发票行为虽然也较为常见，但均不作为犯罪论处；入罪后法定刑也较轻，属于破坏发票管理秩序犯罪，不以造成税款损失等为构成要件，只需要虚开行为达到情节严重标准即可构成。有争议的是，对于不以骗抵税款为目的虚开增值税专用发票的行为，能否按照虚开发票罪论处，如基于刑法第二百零五条之一的文义，仅从虚开的发票对象上是无法得出上述结论的。因该问题理论界和实务界均有争议，《解释》对该问题未明确规定，尚需进一步探讨。

2. 关于虚开发票罪行为方式的解读

《解释》第十二条根据刑法第二百零五条第三款规定，参照《解释》第十条第一款关于虚开增值税专用发票罪行为方式的规定，同时结合虚开发票罪侵害的客体，明确了虚开发票罪的四种行为方式：一是“无货虚开”，即没有实际业务而为他人、为自己、让他人为自己、介绍他人开具发票；二是“有货虚开”，即虽有实际业务，但为他人、为自己、让他人为自己、介绍他人开具与实际业务的货物品名、服务名称、货物数量、金额等不符的发票，如网购A产品开具B产品发票的情况；三是篡改电子信息型虚开，主要是针对金税四期工程建设的推广，电子发票越来越普及的情况，根据税务总局建议，增加了该行为方式。最后，为防止挂一漏万，作了兜底性规定。

3. 关于虚开发票罪定罪量刑标准的解读

《解释》第十三条第一款、第二款对刑法第二百零五条之一规定的虚开发票罪的“情节严重”“情节特别严重”的定罪量刑情节作了明确。日常生活中虚开发票的情况较为常见，如果入罪门槛太低，极易导致打击面过大。《解释》在设置虚开发票罪的入罪标准时，以虚开的金额或者发票份数加金额为标准。虚开发票份数的多少，在一定程度上反映着行为人主观恶性的大小；但如果仅考虑虚开发票的份数，不考虑虚开金额，极可能会出现打击面过大的情况——如虚开停车发票的，每一份金额都不大，如果仅以虚开的份数作为入罪标准，极可能出现对虚开发票份数多但金额很小的行为也作为犯罪处理的情况。因此，《解释》将虚开的发票份数与金额相结合，同时根据行为人的人身危险性，对于因虚开发票受过刑事处罚或二次以上行政处罚，又虚开发票的，设定了略低的入罪标准。《解释》第十三条第二款按照5倍标准界定“情节特别严重”。特别说明的是，作为本罪定罪量刑的“金额”是指虚开的发票金额，而不是虚开的发票“税额”，本罪虚开的发票不需要直接与税款挂钩。

4. 关于虚开发票罪对象的解读

《解释》第十三条第三款明确了虚开发票罪中的发票包括伪造的发票。对于本罪的发票是否应包括伪造的发票，有意见认为不应包括。经研究认为，本罪的发票应包括伪造的发票，主要考虑：其一，本罪是危害发票管理秩序的犯罪，假发票和真发票一样，均起到收付款原始凭证的作用，虚开假发票和虚开真发票都会危害发票管理秩序。其二，立法机关权威意见认为，虚开发票罪中的发票应包含伪造的发票。全国人大常委会法工委在《中华人民共和国刑法修正案（八）条文说明、立法理由及相关规定》中明确：虚开发票罪中的发票，既包括真实的发票，也包括伪造、变造的发票。

（七）其他关于发票犯罪的规定

1. 关于其他发票犯罪定罪量刑标准确定的原则

刑法对危害税收征管犯罪设置了14个罪名，其中发票犯罪10个。在这些发票犯罪中，基本上是按照发票能否抵扣税款分为能抵扣税款的增值税专用发票、用于骗取出口退税、抵扣税款的其他发票，以及不能抵扣税款的发票；对于能抵扣税款的发票，除了虚开增值税专用发票与虚开用于骗取出口退税、抵扣税款的其他发票统一评价外，对伪造、非法出售增值税专用发票与伪造、非法出售用于骗取出口退税、抵扣税款的其他发票又分别规定、区别对待，甚至非法购买增值税专用发票构成犯罪，而非法购买用于骗取出口退税、抵扣税款的其他发票则无对应罪名。有鉴于此，《解释》根据发票能否抵扣税款，分别以票面税额和票面金额为基本要素，结合发票的份数设定了定罪量刑标准。如伪造、出售伪造的增值税专用发票罪，因其对象是增值税专用发票，最核心的功能是凭票抵扣税款，故《解释》以伪造、出售伪造的增值税专用发票“票面税额”而不是以“票面金额”作为定罪量刑的依据；但对于不能抵扣税款的普通发票，则以行为涉及的票面金额作为定罪量刑的依据。

2. 关于发票犯罪的罪数问题

（1）伪造并出售同一增值税专用发票行为的认定。《解释》第十四条第六款规定，对伪造并将伪造的增值税专用发票出售的行为不实行数罪并罚，数量不重复计算，而是按照选择性罪名之一罪论处。对刑法中的选择性罪名，被告人对同一犯罪对象实施了多个选择性行为的，按照其实施的选择性行为种类定罪，数量不重复计算，这既符合刑法关于选择性罪名的处罚原则，也是司法惯例。

（2）非法购买增值税专用发票、购买伪造的增值税专用发票罪行为的认定。对于非法购买增值税专用发票行为，实践中往往与非法出售、骗取抵扣税款或者骗取出口退税等行为交织，或者非法购买真实的与购买伪造的增值税专用发票行为交织。此时，如何认定行为人的罪数是司法难点。第一，对于既购买真实的增值税专用发票，同时又购买伪造的增值税专用发票的行为，《解释》第十六条第二款明确数额累计计算但不实行数罪并罚的原则。因刑法第二百零八条规定的是关于不同犯罪对象的选择性罪名，对既购买真实的增值税专用发票，同时又购买伪造的增值税专用发票行为，应按照选择性罪名不予并罚的通行做法，以该选择性罪名追究刑事责任而不数罪并罚，但对涉案的数额要累计计算。第二，对于购买伪造的增值税专用发票又出售的行为，因购买是手段，出售是目的，如两行为均构成犯罪，则按照牵连犯的处断原则从一重处。比较购买伪造的增值税专用发票罪和出售伪造的增值税专用发票罪的法定刑，后者更重，因此《解释》第十六条第三款规定对这种行为以出售伪造的增值税专用发票罪定罪处罚。第三，对于非法购买增值税专用发票用于骗取抵扣税款的，非法购买是手段，骗取抵扣税款是目的，如两行为分别构成非法购买增值税专用发票罪与虚开增值税专用发票罪，也应按照牵连犯的处断原则从一重处，故《解释》第十六条第三款规定对这种情况以处罚较重的规定定罪处罚。第四，对于非法购买增值税专用发票用于骗取出口退税款的，非法购买是手段，骗取出口退税款是目的，如两行为分别构成非法购买增值税专用发票罪与骗取出口退税罪，虽然刑法第二百零八条第二款对此没有明确规定，但同样的道理，应按照牵连犯的处断原则从一重处。

3. 关于变造、持有的解读

(1) 关于变造增值税专用发票的解读。《解释》第十四条第六款明确变造增值税专用发票的，按照伪造增值税专用发票论处。对于变造增值税专用发票行为是否构成犯罪的问题，刑法没有明确规定。经研究认为，就增值税专用发票而言，变造与伪造的社会危害性相当；将变造解释为伪造并不超出“伪造”一词的可能含义。

（2）关于持有伪造的发票罪的解读。2011 年刑法修正案（八）增设持有伪造的发票罪作为刑法第二百一十条之一，首次对持有伪造的发票行为在刑法上予以规制。该条规定的“持有”，不包括伪造后的持有，也不包括非法购买后的持有，而是仅指明知是伪造的发票而对其进行占有、支配、控制的状态。实践中，对于非法持有伪造的发票的行为，如果非法持有人拒不交代非法持有伪造的发票的原因，且司法机关无法查实非法持有人实施了其他关于持有的伪造发票的犯罪行为，一般以持有伪造的发票罪论处。如果司法机关能够查实非法持有人实施了其他有关其持有的伪造发票的犯罪行为，比如伪造后进行非法持有，或者非法购买后进行非法持有，一般应以相应的发票犯罪进行处理，而不以本罪论处。本罪中规定的伪造的发票，不仅包括不能抵扣税款的普通发票，也包括增值税专用发票、用于骗取出口退税、抵扣税款的其他发票在内。

（八）其他问题解读

一是明确共犯处理原则。《解释》第十九条是关于危害税收征管犯罪帮助犯构成共犯的一般性规定，对于明知他人实施危害税收征管犯罪而仍为其提供账号、资信证明或者其他帮助的，以相应犯罪的共犯论处。如前所分析，本条规定与《解释》第九条第二款的规定并不矛盾。第九条第二款是以中介组织及其人员与骗取出口退税行为人没有共同犯罪故意时的处理原则，当形成共同犯罪故意时，应该按照第十九条的规定论处。

二是明确单位犯罪标准。《解释》第二十条是关于单位犯危害税收征管罪定罪量刑标准的规定。根据本条规定，单位犯危害税收征管罪的标准与自然人犯罪采用统一标准。《解释》制定过程中，关于单位犯危害税收征管罪的定罪量刑标准是否与自然人犯同种罪的标准一致的问题，存在较大争议。一种观点认为，二者标准应该一致，理由是在最高人民法院的其他司法解释中，很多都没有区分自然人犯罪与单位犯罪的数额标准，如2018年修正的《最高人民法院、最高人民检察院关于办理妨害信用卡管理刑事案件具体应用法律若干问题的解释》，对单位实施信用卡犯罪规定了与自然人犯罪相同的标准；另一种观点认为，单位犯罪的数额标准是否比自然人犯罪的标准高，应该区分刑法条文关于单位犯罪的规定中，是否另对直接负责的主管人员和其他直接责任人员设置了法定刑，如在规定单位犯罪时，法条表述如刑法第二百零五条之一“对单位判处罚金，并对直接负责的主管人员和其他直接责任人员，依照前款规定处罚”的，则单位犯罪的标准和自然人犯罪的标准应该一致；反之则应有所不同。而刑法第二百零五条、第二百零六条对单位犯罪的法条表述，类似于刑法第一百五十三条第二款走私普通货物、物品罪的表述，2014年《最高人民法院、最高人民检察院关于办理走私刑事案件适用法律若干问题的解释》第二十四条对单位犯走私罪的标准进行了区别——对单位犯走私普通货物、物品罪的标准以自然人犯该罪的2倍执行，犯走私其他特殊物品犯罪的标准与自然人犯罪标准一致。鉴于既有司法解释对单位犯罪与自然人犯罪的标准并没有完全同一的规定，《解释》规定单位犯罪采用与自然人犯罪一样的标准，以体现对涉税犯罪总体从严打击，保障国家税收的精神。

三是明确从宽处罚的情形。《解释》第二十一条第一款是关于犯罪后补缴税款、挽回税收损失可以从宽处罚的规定。对于非暴力性侵犯财产犯罪，行为人犯罪后积极退赃、挽回损失、修复被侵害的社会关系，可以对其从宽处罚。危害税收征管犯罪，特别是造成国家税款损失的犯罪，如果行为人补缴税款、挽回损失的，反映了其改过态度，对其从宽有利于其回归社会，也有利于对国家财产的保护；反之，行为人极可能宁可被判刑，也不补税挽损，不利于对国家财产的保护，也不利于鼓励行为人改过自新。同时，为体现涉案企业合规改革中对有效合规整改从宽处罚的要求，《解释》规定将有效合规整改与补缴税款、挽回税收损失共同作为酌定从宽处罚的情节。对于犯罪情节轻微不需要判处刑罚的，检察机关可以视情况作出不起诉，人民法院也可以免予刑事处罚；情节显著轻微危害不大的，不作为犯罪处理。

四是明确行刑衔接规则。《解释》第二十一条第二款关于行刑反向衔接的规定，参考了既有司法解释的相关规定，有利于进一步完善行政执法与刑事司法双向衔接的治理体系。

五是明确《解释》的效力问题。《解释》是对之前三个涉税司法解释的扬弃。因此，《解释》公布后，原来的三个解释和以前发布的与本解释不一致的解释不再有效，以《解释》为准。

（来源：《法律适用》2024年第4期）

最高人民法院

关于办理减刑、假释案件审查财产性判项执行问题的规定

法释〔2024〕5号

(2024年1月3日最高人民法院审判委员会第1910次会议通过
2024年4月29日最高人民法院公告公布
自2024年5月1日起施行)

为确保依法公正办理减刑、假释案件，正确处理减刑、假释与财产性判项执行的关系，根据《中华人民共和国刑法》、《中华人民共和国刑事诉讼法》等法律规定，结合司法实践，制定本规定。

第一条 人民法院办理减刑、假释案件必须审查原生效刑事或者刑事附带民事裁判中财产性判项的执行情况，以此作为判断罪犯是否确有悔改表现的因素之一。

财产性判项是指生效刑事或者刑事附带民事裁判中确定罪犯承担的被依法追缴、责令退赔、罚金、没收财产判项，以及民事赔偿义务等判项。

第二条 人民法院审查财产性判项的执行情况，应将执行法院出具

的结案通知书、缴付款票据、执行情况说明等作为审查判断的依据。

人民法院判决多名罪犯对附带民事赔偿承担连带责任的，只要其中部分人履行全部赔偿义务，即可认定附带民事赔偿判项已经执行完毕。

罪犯亲属代为履行财产性判项的，视为罪犯本人履行。

第三条 财产性判项未执行完毕的，人民法院应当着重审查罪犯的履行能力。

罪犯的履行能力应根据财产性判项的实际执行情况，并结合罪犯的财产申报、实际拥有财产情况，以及监狱或者看守所内消费、账户余额等予以判断。

第四条 罪犯有财产性判项履行能力的，应在履行后方可减刑、假释。

罪犯确有履行能力而不履行的，不予认定其确有悔改表现，除法律规定情形外，一般不予减刑、假释。

罪犯确无履行能力的，不影响对其确有悔改表现的认定。

罪犯因重大立功减刑的，依照相关法律规定处理，一般不受财产性判项履行情况的影响。

第五条 财产性判项未执行完毕的减刑、假释案件，人民法院在受理时应当重点审查下列材料：

（一）执行裁定、缴付款票据、有无拒不履行或者妨害执行行为等有关财产性判项执行情况的材料；

（二）罪犯对其个人财产的申报材料；

（三）有关组织、单位对罪犯实际拥有财产情况的说明；

（四）不履行财产性判项可能承担不利后果的告知材料；

（五）反映罪犯在监狱、看守所内消费及账户余额情况的材料；

（六）其他反映罪犯财产性判项执行情况的材料。

上述材料不齐备的，应当通知报请减刑、假释的刑罚执行机关在七日内补送，逾期未补送的，不予立案。

第六条 财产性判项未履行完毕，具有下列情形之一的，应当认定罪犯确有履行能力而不履行：

（一）拒不交代赃款、赃物去向的；

（二）隐瞒、藏匿、转移财产的；

（三）妨害财产性判项执行的；

（四）拒不申报或者虚假申报财产情况的。

罪犯采取借名、虚报用途等手段在监狱、看守所内消费的，或者无特殊原因明显超出刑罚执行机关规定额度标准消费的，视为其确有履行能力而不履行。

上述情形消失或者罪犯财产性判项执行完毕六个月后方可依法减刑、假释。

第七条 罪犯经执行法院查控未发现有可供执行财产，且不具有本规定第六条所列情形的，应认定其确无履行能力。

第八条 罪犯被判处的罚金被执行法院裁定免除的，其他财产性判项未履行完毕不影响对其确有悔改表现的认定，但罪犯确有履行能力的除外。

判决确定分期缴纳罚金，罪犯没有出现期满未缴纳情形的，不影响对其确有悔改表现的认定。

第九条 判处没收财产的，判决生效后，应当立即执行，所执行财产为判决生效时罪犯个人合法所有的财产。除具有本规定第六条第一款所列情形外，没收财产判项执行情况一般不影响对罪犯确有悔改表现的认定。

第十条 承担民事赔偿义务的罪犯，具有下列情形之一的，不影响对其确有悔改表现的认定：

（一）全额履行民事赔偿义务，附带民事诉讼原告人下落不明或者拒绝接受，对履行款项予以提存的；

（二）分期履行民事赔偿义务，没有出现期满未履行情形的；

（三）附带民事诉讼原告人对罪犯表示谅解，并书面放弃民事赔偿的。

第十一条 因犯罪行为造成损害，受害人单独提起民事赔偿诉讼的，人民法院办理减刑、假释案件时应对相关生效民事判决确定的赔偿义务判项执行情况进行审查，并结合本规定综合判断罪犯是否确有悔改表现。

承担民事赔偿义务的罪犯，同时被判处罚金或者没收财产的，应当先承担民事赔偿义务。对财产不足以承担全部民事赔偿义务及罚金、没收财产的罪犯，如能积极履行民事赔偿义务的，在认定其是否确有悔改表现时应予以考虑。

第十二条 对职务犯罪、破坏金融管理秩序和金融诈骗犯罪、组织（领导、参加、包庇、纵容）黑社会性质组织犯罪等罪犯，不积极退赃、协助追缴赃款赃物、赔偿损失的，不认定其确有悔改表现。

第十三条 人民法院将罪犯交付执行刑罚时，对生效裁判中有财产性判项的，应当将财产性判项实际执行情况的材料一并移送刑罚执行机关。

执行财产性判项的人民法院收到刑罚执行机关核实罪犯财产性判项执行情况的公函后，应当在七日内出具相关证明，已经执行结案的，应当附有关法律文书。

执行财产性判项的人民法院在执行过程中，发现财产性判项未执行完毕的罪犯具有本规定第六条第一款第（一）（二）（三）项所列情形的，应当及时将相关情况通报刑罚执行机关。

第十四条 人民法院办理减刑、假释案件中发现罪犯确有履行能力而不履行的，裁定不予减刑、假释，或者依法由刑罚执行机关撤回减刑、假释建议。

罪犯被裁定减刑、假释后，发现其确有履行能力的，人民法院应当继续执行财产性判项；发现其虚假申报、故意隐瞒财产，情节严重的，人民法院应当撤销该减刑、假释裁定。

第十五条 本规定自 2024 年 5 月 1 日起施行，此前发布的司法解释与本规定不一致的，以本规定为准。

指导案例、典型案例与解读

最高人民法院、最高人民检察院发布依法惩治危害税收征管典型刑事案例

（2024年3月18日）

税收是国家财政的最主要来源，税收政策是国家实施宏观调控、调节收入分配的重要工具。党的十八大以来，以习近平同志为核心的党中央高度重视税收工作。习近平总书记深刻指出，要“发挥税收在国家治理中的基础性、支柱性、保障性作用”①。危害税收征管犯罪，不仅扰乱国家税收征管秩序，逃税、骗税等犯罪更直接危害国家税收，侵蚀国家经济基础，破坏社会诚信体系，危害严重，必须依法惩治；对情节严重、给国家税款造成重大损失的，更应从严打击。为贯彻落实中央经济工作会议和中央政法工作会议精神，依法惩治危害税收征管犯罪，维护社会主义市场经济秩序，提升法治化营商环境建设水平，最高人民法院、最高人民检察院联合制定了《关于办理危害税收征管刑事案件适用法律若干问题的解释》（以下简称《解释》）。为强化《解释》的贯彻落实成效，最高人民法院、最高人民检察院同时发布8个依法惩治危害税收征管典型刑事案例。这些案例导向鲜明，彰显了司法机关依法惩

① 《习近平主持召开中央全面深化改革委员会第十七次会议》，载新华网，2020年12月30日。

治税收犯罪，维护国家税收安全的坚定决心。

一是严格贯彻宽严相济刑事政策。一方面，对严重危害税收征管犯罪必须坚决从严打击。长期以来，人民法院、人民检察院在公安、税务机关的大力支持下，始终保持对涉税犯罪从严打击的高压态势。一大批危害严重、社会关注度高的犯罪分子受到严惩，有效维护了国家税收征管秩序和国家财产安全。另一方面，人民法院、人民检察院认真贯彻落实习近平总书记在民营企业家座谈会上的讲话和《中共中央、国务院关于促进民营经济发展壮大的意见》精神，对实体企业涉税犯罪区分情况，做到当宽则宽，对情节较轻、危害不大，因有关人员法治意识淡薄、企业规章制度不健全等原因实施的犯罪，尽可能给予企业合规整改机会，对于能够通过合规整改、挽回税款损失的，依法从宽处理，最大限度减少对企业生产经营的影响。如，本次发布的典型案例七山东某防水材料公司、徐某某虚开增值税专用发票案，对有实际生产经营活动的企业依法适用企业合规，对合规整改合格的涉案单位作酌定不起诉处理，促进民营企业合规守法经营。

二是严格贯彻罪刑法定原则。涉税犯罪专业性强，争议点多，法律关系复杂。《解释》对有关法律适用中的争议问题作了明确。比如，关于虚开增值税专用发票罪与逃税罪的区分，是理论和实践中的难点。定罪量刑必须坚持罪刑法定，坚持主客观相统一。《解释》将为虚增业绩、融资、贷款等不是利用增值税专用发票抵扣税款的核心功能而虚开的行为，排除在虚开增值税专用发票罪以外，即以例外性规定的方式，限缩了该罪的适用范围，既符合罪责刑相适应原则，也突出了本罪打击的重点。

三是引导纳税主体增强纳税意识。危害税收征管犯罪，无论是逃税、骗税，还是虚开、伪造、非法出售发票类犯罪，归根结底都与纳税主体法治意识淡薄有关。逃税、骗税行为直接危害税收，换言之，就是行为主体通过税收侵占国家利益；即便是发票类犯罪，也是因为社会有需求，才催生虚开、伪造、非法出售发票等犯罪；逃避追缴欠税的行为人，在欠缴税款的情况下还通过转移财产等手段逃避纳税义务，不守诚信，主观恶性较大。近年来，全国税务、公安、检察、法院等执法司法机关，齐心协力，对涉税违法犯罪行为形成共同打击合力，2023年在全国自上而下建立了八部门常态化打击虚开骗税工作机制，以查促治、以打促改，在全社会营造“法网恢恢，疏而不漏”的法治氛围，以严的手段引导社会主体不断增强纳税意识，提高税法遵从度。

下一步，人民法院、人民检察院将以党的二十大精神为引领，深入贯彻习近平法治思想，继续加大对危害税收征管犯罪的打击力度，统一案件裁判标准，完善工作体制机制，有力维护社会主义市场经济秩序，以实际行动为中国式现代化提供有力的司法支撑和服务。

依法惩治危害税收征管典型刑事案例

目　录

案例一

四川某食品有限公司、郑某某逃税案

——实体企业违法后积极挽损整改依法从宽

（一）基本案情

被告单位四川某食品有限公司是一家小规模食品生产企业，具有一般纳税人资格。2017 年至 2019 年，该公司法定代表人郑某某，安排公司财务人员采取欺骗、隐瞒手段进行虚假纳税申报，逃避缴纳税款共计 127 万余元，年度逃避纳税税款比例高达 80%至 97%不等。2021 年 9 月 29 日，税务机关向被告单位下达《税务处理决定书》和《税务行政处罚决定书》，责令限期缴纳逃避缴纳的税款和罚款。被告单位未按期缴纳。同年 10 月 14 日，税务机关再次向被告单位送达《税务事项通知书》，限其在当月 28 日前缴纳上述款项。期满后，被告单位仍未缴纳。2022 年 5 月 6 日，税务机关向公安机关移交该公司涉嫌逃税犯罪线索。公安机关于次日立案侦查。郑某某接公安机关电话通知后自首。2023 年 3 月 6 日，被告单位向税务机关出具申请延期分批缴纳税款承诺书，得到批准，并于当月 8 日缴纳了部分所逃税款。

（二）处理结果

四川省仁寿县人民检察院以四川某食品有限公司、郑某某涉嫌逃税罪提起公诉。四川省仁寿县人民法院认为，被告单位四川某食品有限公司采取欺骗、隐瞒手段进行虚假纳税申报或者不申报，逃避缴纳税款数额巨大，并且占应纳税额 30%以上，经税务机关依法下达追缴通知后仍未补缴，已构成逃税罪。被告人郑某某作为被告单位直接负责的主管人员，亦构成逃税罪。四川省仁寿县人民法院以逃税罪判处被告单位四川某食品有限公司罚金；被告人郑某某有期徒刑一年，缓刑二年，并处罚金人民币三万元；未补缴税款责令追缴。一审宣判后无抗诉、上诉，判决已发生法律效力。

（三）典型意义

税收是国家财政的最主要来源，取之于民，用之于民。依法纳税是公民的基本义务，是企业的法定义务。逃税损害国家财政，扰乱经济秩序，侵蚀社会诚信，不仅违法，数额大的构成犯罪。对于逃税行为，一方面，要依法惩处，通过“惩”警戒纳税人增强纳税意识，依法纳税，以“惩”促“治”；另一方面，也要考虑到税收的特点和纳税的现状，给予纳税人补过机会，不能“一棍子打死”。根据刑法第二百零一条第四款的规定，追究逃税人的刑事责任，应由税务机关先行处理，这既是给予纳税人补救机会，也有利于及时挽回税款损失。本案被告单位系一家福利性企业，解决十几名残疾职工就业，承担着一定的社会责任；受疫情影响，案发后未能如期补缴税款；法院裁判前制定补缴税款计划并得到税务机关认可。为有效贯彻“治罪”与“治理”并重，法院联合税务机关对被告单位进行企业经营风险审查，在企业开展合规整改后，对被告单位和被告人从宽处罚，有效避免了因一案而毁掉一个企业的不良后果。

案例二

北京某餐饮有限公司、陈某、宫某逃避追缴欠税案

——欠税人不讲诚信转移财产担刑责

（一）基本案情

被告人陈某、宫某于2006年共同出资成立北京某餐饮有限公司（以下简称某餐饮公司），陈某为法定代表人，宫某为监事，后分别于2007年、2012年成立第一分公司、第二分公司，陈某任负责人。2012年至2013年，某餐饮公司、第一分公司、第二分公司使用开票方为沃尔玛等4家公司的假发票共计53张入账，在2012年度、2013年度企业所得税应纳税所得额中进行扣除，并向北京市顺义区国家税务局进行了企业所得税纳税申报。2014年7月，顺义区国家税务局稽查局对某餐饮公司开展税务稽查，后作出行政处理决定，认定该公司使用不符合规定的发票列支，调增2012年度、2013年度应纳税所得额共计369万余元，应补缴2012—2013年度企业所得税共计92万余元，并缴纳滞纳金。被告人陈某、宫某在明知顺义区国家税务局对某餐饮公司进行税务稽查、作出税务处理决定并追缴税款的情况下，在第一分公司经营地址上成立宏某餐饮公司，在第二分公司经营地址上成立石某餐饮公司，另开立新账户供二公司经营使用，并将第一分公司、第二分公司注销，同时，某餐饮公司也不再申领发票，公司账户于冻结后不再使用。通过以上方式，逃避顺义区国家税务局追缴税款，至案发时，尚有82万余元税款无法追缴。案发后，某餐饮公司补缴了欠缴的企业所得税税款及滞纳金共计130余万元。

（二）处理结果

北京市顺义区人民检察院以某餐饮公司、陈某、宫某涉嫌逃避追缴欠税罪提起公诉。北京市顺义区人民法院认为，被告单位会计账簿混乱、记载不规范，在案证据无法认定存在实际发生的与取得收入有关的、合理的支出，应当根据税务处理决定书认定数额补缴税款。被告单位欠缴应纳税款，以转移、隐匿财产的方式，致使税务机关无法追缴欠缴的税款，数额超过刑法规定的一万元标准，已构成逃避追缴欠税罪。北京市顺义区人民法院以逃避追缴欠税罪判处被告单位某餐饮公司罚金人民币八十五万元；被告人陈某、宫某有期徒刑三年，缓刑三年，并处罚金人民币八十五万元。一审宣判后，被告人宫某提出上诉。北京市第三中级人民法院经审理，裁定驳回上诉，维持原判。

（三）典型意义

欠税虽不构成犯罪，但欠税人有能力缴纳税款而采取转移、隐匿财产的方式，拒不缴纳税款，造成税务机关无法追缴其所欠税款的，既违反纳税义务，也违反诚信原则；造成无法追缴税款数额达到一万元以上的，依法构成逃避追缴欠税罪。本案中，被告单位和被告人通过注销纳税主体、设立新公司和开设新账户的方式，逃避缴纳欠缴的税款，数额达到十万元以上，依法应判处三年以上七年以下有期徒刑，并处欠缴税款一倍以上五倍以下罚金。人民法院依法判处被告单位和被告人刑罚，既有力维护了国家税收秩序，又维护了诚信经营的市场环境。

案例三

石某某等骗取出口退税案

——“低值高报”骗取出口退税必严惩

（一）基本案情

2017年12月，被告人石某某注册成立铜陵博某科技有限公司（以下简称博某公司）和铜陵金某科技有限公司（以下简称金某公司）。其中，博某公司作为软件企业享受税收优惠政策。石某某通过其控制的上述两家公司，将单价0.7元购进的空白芯片，写入电流采样控制软件后，将价格虚抬至200元。2019年1月至8月，博某公司以销售电流采样控制芯片的名义，向金某公司虚假销售并虚开增值税专用发票。之后，石某某与同案被告人黄某波商定，由后者控制的湖北省赤壁市安某公司代理金某公司的电流采样控制模块出口事宜，以签订虚假采购合同形式，由金某公司将电流采样控制模块以230元左右的单价出售给安某公司，再由安某公司和黄某波在香港成立的海某公司签订虚假的电流采样控制模块采购合同，将电流采样控制模块出口至香港。石某某安排他人在香港接货后，将电流采样控制模块当作垃圾处理。货物出口后，石某某、黄某波等人筹集美元，回流资金，在安某公司完成结汇，由金某公司将增值税专用发票邮寄到安某公司，安某公司用上述虚开的增值税专用发票及出口报关材料向税务机关申请出口退税。2018年12月至2019年，安某公司共通过金某公司虚开的149份增值税专用发票，骗取出口退税款570余万元，在扣除代理出口及其他费用后，余款以货款形式回流至金某公司。经鉴定，博某公司生产的电流采样控制芯片市场价值1.32元，金某公司生产的电流采样控制模块市场价值7.31元。

（二）处理结果

安徽省铜陵市郊区人民检察院以石某某等涉嫌骗取出口退税罪提起公诉。安徽省铜陵市郊区人民法院认为，被告人石某某等以假报出口的手段，骗取出口退税款 570 余万元，数额特别巨大，已构成骗取出口退税罪。安徽省铜陵市郊区人民法院以骗取出口退税罪判处被告人石某某有期徒刑十一年，并处罚金人民币五百万元；对同案被告人分别判处有期徒刑五年至六年，并处罚金。一审宣判后，被告人石某某等提出上诉。安徽省铜陵市中级人民法院经审理，判决维持对各被告人的定罪量刑。

（三）典型意义

骗取出口退税罪是严重的危害税收征管犯罪之一。作为国际通行惯例，为了鼓励本国商品出口，增强国际竞争力，国家允许本国商品以不含税价格进入国际市场，即在货物出口后退还在国内生产和流通环节的已纳税款，避免国际双重课税。不法分子利用国家这一税收政策，以假报出口或者其他欺骗手段，将没有出口或者虽出口但不应退税的业务等伪装成应退税业务，骗取出口退税款。这种行为从本质上是非法占有国家财产的诈骗犯罪，危害严重，应依法从严惩处。行为人虽有出口，但其通过将低廉的产品虚抬价格，虚开增值税专用发票，以虚增的出口退税额骗取国家出口退税款，数额特别巨大，造成国家巨额财产损失，应依法从严打击。

案例四

镇江某科技公司、洪某某、周某等骗取出口退税、深圳某贸易公司虚开增值税专用发票案

——依法惩治虚开增值税专用发票与骗取出口退税关联犯罪

（一）基本案情

2014年至2017年8月，被告人洪某某、周某等人为骗取出口退税，由他人牵线联系到被告单位深圳某贸易公司，在深圳某贸易公司向广东某通讯技术公司等上游手机供货商进货时，以周某控制的镇江某科技公司等四家公司名义与上游供货商签订虚假手机采购合同，提供虚假资金流水，采取票货分离的方式，将上游供货商本应开具给深圳某贸易公司的增值税专用发票开给周某控制的公司，从而取得虚假进项增值税专用发票，深圳某贸易公司则从中收取高额开票费。同时，为取得用于出口退税的报关单证，洪某某控制的多家香港公司又与周某控制的公司签订虚假手机出口外贸合同，并通过借货配单方式，从他人手中租用“道具”手机冒充外贸合同中的手机进行虚假报关。最后，由周某控制的公司用上述单证手续向镇江市国家税务局虚假申报，累计骗取国家出口退税款7.2亿余元。

（二）处理结果

江苏省镇江市人民检察院以洪某某、周某等人、镇江某科技公司等单位涉嫌骗取出口退税罪，深圳某贸易公司涉嫌虚开增值税专用发票罪提起公诉。江苏省镇江市中级人民法院以骗取出口退税罪判处被告单位镇江某科技公司罚金人民币一亿元；被告人洪某某有期徒刑十四年，并

处罚金人民币七亿两千六百万元；被告人周某有期徒刑九年，并处罚金人民币五百万元；以虚开增值税专用发票罪判处被告单位深圳某贸易公司罚金人民币五十万元；对同案被告人分别判处有期徒刑三年至十年，并处罚金。一审宣判后，周某等被告人和深圳某贸易公司提出上诉，江苏省高级人民法院经审理，裁定驳回上诉，维持原判。

（三）典型意义

近年来，骗取出口退税犯罪呈产业化发展，造成国家巨额税款损失，对国家出口退税政策和出口贸易活动造成极其恶劣的影响。这类犯罪往往涉及虚开、配货、报关、“地下钱庄”、退税等多个犯罪链条，内部分工精细，且相对独立，相互勾结，呈现产业化、专业化、隐蔽化特点。本案中涉及“购税票、假出口、申报退税”三个团伙，各被告人、被告单位参与的时间、环节各不相同，应当依据其具体参与实施的犯罪行为分别定性处理。有真实交易的企业在生产经营活动中，为了赚取开票费，让上游企业将本该开具给自己的增值税专用发票开具给他人，应当认定构成虚开增值税专用发票罪。明知他人具有骗取出口退税的主观故意，仍然为其虚开增值税专用发票的，以骗取出口退税罪的共犯定罪处罚。同时，对于虚开骗税等多环节、多链条的犯罪行为，认定是否造成国家税款流失，不能根据单个环节判断，应当对整个链条进行综合分析。

案例五

金某某等虚开增值税专用发票案

——空壳公司虚开增值税专用发票应重点从严打击

（一）基本案情

2018年至案发前，被告人金某某雇用被告人陈某某、李某某、王某某等人，以他人名义注册或购买上海穗某商贸有限公司等近40家空壳公司。在无任何实际货物交易的情况下，金某某以向他人支付票面金额1.3%—2.2%开票费，通过票货分离、资金迂回走账等方式，接受山东、浙江等地多家公司虚开的增值税专用发票，价税合计3.8亿余元，税额4600余万元。之后，金某某又通过虚构货物购销业务，向山西、河北、上海等地企业虚开增值税专用发票，价税合计2.2亿余元，造成税款2700余万元被抵扣。

（二）处理结果

浙江省天台县人民检察院以金某某等涉嫌虚开增值税专用发票罪提起公诉。浙江省天台县人民法院认为，被告人金某某在没有真实交易情况下，为他人虚开、让他人为自己虚开增值税专用发票，数额巨大；其他同案被告人明知金某某虚开增值税专用发票仍然参与其中，均已构成虚开增值税专用发票罪。浙江省天台县人民法院以虚开增值税专用发票罪判处被告人金某某有期徒刑十四年，并处罚金人民币四十五万元；对同案被告人分别判处有期徒刑三年至十三年六个月，并处罚金。一审宣判后，同案被告人提出上诉。浙江省台州市中级人民法院经审理，裁定驳回上诉，维持原判。

（三）典型意义

增值税专用发票区别于其他普通发票的关键在于其可以凭票抵扣税款，这也是增值税专用发票的核心功能。不法分子利用增值税专用发票的该功能进行虚开抵扣，骗取国家税款，给国家财产造成损失，危害严重。因此，刑法对虚开增值税专用发票罪规定了严厉的法定刑。根据刑法规定，结合虚开增值税专用发票罪的严重危害性，无论是为他人虚开，还是为自己虚开、让他人为自己、介绍他人虚开，只要是利用增值税专用发票抵扣税款的功能进行虚开，都属于虚开增值税专用发票行为。行为人通过设立空壳公司实施虚开增值税专用发票犯罪，是从严打击的重点。

案例六

上海某实业公司、张某某虚开增值税专用发票案

——依法惩治企业之间无真实交易，相互开具增值税专用发票行为

（一）基本案情

2017 年 8 月，被告单位上海某实业公司负责人张某某在无实际业务往来的情况下，通过唐某某经营的上海某服饰有限公司为实业公司虚开增值税专用发票 2 份，价税合计 22 万余元，其中税额 3 万余元，均已申报抵扣。次月，张某某在无实际业务往来的情况下，以其实际控制的上海某针织制衣厂的名义为服饰公司回开相同税款的增值税专用发票用于抵扣税款。

2017 年 9 月，张某某与实业公司业务员陆某在无实际业务往来的

情况下，以支付开票费的方式，让河北某绒毛制品有限公司为实业公司虚开增值税专用发票 4 份，价税合计 38 万余元，其中税额 5 万余元，均已申报抵扣。

2017 年 9 月至 12 月，张某某在经营实业公司、针织厂期间，在无实际业务往来的情况下，让针织厂为实业公司虚开增值税专用发票 12 份，价税合计 101 万余元，其中税额 14 万余元，均已申报抵扣。

案发后，实业公司已向税务机关补缴全部涉案税款。

（二）处理结果

上海市松江区人民检察院以实业公司、张某某、陆某涉嫌虚开增值税专用发票罪提起公诉。上海市松江区人民法院以虚开增值税专用发票罪判处被告单位实业公司罚金人民币三万元；被告人张某某有期徒刑一年，缓刑一年；被告人陆某拘役六个月，缓刑六个月。一审宣判后无抗诉、上诉，判决已发生法律效力。

（三）典型意义

行为人之间互相开具或者循环开具增值税专用发票，销项税额与进项税额不能互相抵消，造成国家税款损失的，应当以虚开增值税专用发票罪追究刑事责任。对于出于虚增业绩等目的，实施对开、环开行为，没有造成国家税收损失的，不以虚开增值税专用发票犯罪论处，构成其他犯罪的，以相应犯罪追究刑事责任。在办理案件中，对于相互虚开增值税专用发票的行为认定，要注意把握“虚开并造成国家税款损失”的本质要点，从行为人主观上是否具有骗取税款的故意，客观上是否已缴纳税款、造成税款损失等方面，综合审查认定犯罪，严格区分违规和违法犯罪的界限。

案例七

山东某防水材料公司、徐某某虚开增值税专用发票案

——实体企业适用企业合规整改依法从宽处理

（一）基本案情

2019 年 6 月至 2021 年 9 月，苟某某（另案处理）以他人名义注册了多家空壳公司，在无真实货物交易的情况下向江苏、河南、浙江、福建、山东等地多家企业虚开增值税专用发票，税额 739 万余元。其中，2019 年 9 月，山东某防水材料公司（以下简称防水公司）为了抵扣税款，在无真实货物交易的情况下，由公司实际控制人徐某某通过苟某某控制的空壳公司为其虚开增值税专用发票 22 张，税额 27 万余元。2019 年 8 月至 10 月，徐某某还通过苟某某控制的空壳公司向其担任高管的厦门某防水建材公司等 2 家公司虚开增值税专用发票 59 份，税额 75 万余元。上述所开具发票全部用于抵扣，案发后虚开发票已作进项税额转出。

2022 年 4 月，本案由山东省寿光市公安局移送山东省寿光市人民检察院审查起诉。案件移送审查起诉后，徐某某表示认罪认罚，主动申请对防水公司启动企业合规程序，自愿进行合规整改。经过实地走访调查，检察机关了解到防水公司自 2015 年注册成立以来一直正常经营，企业产品具有良好的发展前景与潜力，年产值在 3000 万元至 5000 万元之间，对当地的经济发展有一定贡献，合规整改有利于企业长期经营发展。2022 年 11 月，检察机关决定对防水公司适用涉案企业合规及第三方监督评估机制。

（二）处理结果

检察机关商请寿光市企业合规第三方监督评估机制管委会组建了由当地税务机关工作人员、律师等组成的第三方监督评估组织，指导督促防水公司制订合规整改计划，明确企业专项合规整改的重点内容，建立健全相关合规管理体系。防水公司外聘合规专业团队，针对法务、税务等领域按照合规计划进行合规整改，并对管理人员开展法治教育。企业合规整改后，徐某某及企业管理人员放下思想包袱，积极组织开展生产经营活动。同时，检察机关强化对涉案企业规范经营的引导，促使企业步入良性发展轨道。2023 年 4 月，经第三方组织评估认为，防水公司已完成有效合规整改。

2023 年 10 月，山东省寿光市人民检察院参考合规考察结论，决定对防水公司作不起诉处理；以徐某某涉嫌虚开增值税专用发票罪提起公诉，并对其提出宽缓的量刑建议。山东省寿光市人民法院以虚开增值税专用发票罪判处被告人徐某某有期徒刑二年，缓刑二年，并处罚金人民币二万元。一审宣判后无抗诉、上诉，判决已发生法律效力。经回访了解，目前防水公司正常经营，产值维持平稳，在岗员工稳定。

（三）典型意义

在涉案企业合规改革中，检察机关要充分发挥作用，准确把握合规整改适用条件，依托第三方监督评估机制管委会，确保案件妥善处理、合规有效开展。要综合考虑案件涉嫌罪名及涉案企业类型、规模、经营范围、主营业务等因素，有针对性组建第三方组织，重点围绕与企业涉嫌犯罪有密切联系的企业内部治理结构、规章制度、人员管理等方面存在的问题，督促企业制订专项合规整改计划，建设有效合规管理体系。在办理案件中，可以根据涉案企业、涉案人员的犯罪事实、情节及在合规整改中的表现，依法分别作出处理决定，对有效合规整改的单位作相对不起诉；对直接责任人不符合不起诉条件的，依法提起公诉，并提出宽缓量刑建议。

案例八

杨某虚开发票案

——虚开普通发票也可能构成犯罪

（一）基本案情

2014 年至 2022 年，被告人杨某以近亲属或他人名义，注册成立 11 家公司。在无实际经营业务的情况下，通过中间人刘某（另案处理）、傅某某（另案处理）等人介绍，采用虚假走账、资金回流等方式，利用 11 家公司对外虚开增值税普通发票，从中收取票面金额 0.5%—1.5%的好处费，获利共计 340 万余元。经税务机关稽查，杨某通过上述 11 家公司对外虚开增值税普通发票 14370 份，累计票面金额 12 亿余元。

（二）处理结果

天津市滨海新区人民检察院以杨某涉嫌虚开发票罪提起公诉。天津市滨海新区人民法院认为，被告人杨某违反国家税收征管及发票管理规定，在没有实际经营活动的情况下，为他人虚开普通发票，已构成虚开发票罪，且情节特别严重。天津市滨海新区人民法院以虚开发票罪判处杨某有期徒刑六年，并处罚金人民币二十万元。一审宣判后无抗诉、上诉，判决已发生法律效力。

（三）典型意义

虽然普通发票与增值税专用发票相比，没有抵扣税款的功能，但其是会计核算的原始凭据，同时也是审计机关、税务机关执法检查的重要依据。发票的印制、领取、开具均有相关规定。不法分子为获取非法利益，从事虚开发票违法犯罪行为，为逃税、骗税、财务造假、贪污贿赂、挥霍公款、洗钱等违法犯罪提供了便利，严重扰乱市场经济秩序，助长腐败蔓延，败坏社会风气，具有严重的社会危害性。2011年刑法修正案（八）将虚开发票行为新增入罪，没有要求特定目的，也没有要求造成税款损失的危害结果，顺应了社会治理的需要。行为人通过设立多家空壳公司，从税务机关骗领发票后对外虚开，虚开发票数量和发票金额均特别巨大，情节特别严重，虽有坦白、自愿认罪认罚情节，法院仍判处其有期徒刑六年，体现了对虚开发票犯罪依法惩处的态度。

（来源：最高人民法院网站）

“加强刑事检察监督 促进刑事司法公正”典型案例

（2024年2月26日最高人民检察院发布）

目　录

人诬告陷害、敲诈勒索案

案例二：最高人民检察院办理许某运输毒品“无罪”抗诉案

案例三：河南省郑州市检察机关监督纠正社区矫正对象王某某漏管案

案例一

河南省安阳市文峰区检察院防冤止错监督办理王某甲等三人诬告陷害、敲诈勒索案

【基本案情】

2021 年 6 月至 11 月，王某甲、王某乙、李某某（女，2004 年 6 月出生）共谋，由王某甲、王某乙冒充李某某的成年亲属，由李某某通过社交软件或到酒吧等场所结识男性，以假装醉酒、无处可去等借口引诱男方与其发生性关系，故意在对方身上留下抓痕，后向公安机关报案称被强奸，再由王某甲、王某乙以此为要挟向男方索要财物。王某甲三人采用此种犯罪方式共诬告陷害孙某某等八名被害人，导致其中三人被立案后采取拘留、逮捕强制措施，并对四名被害人敲诈勒索 23. 7 万元，实际非法获取赃款 8. 7 万元。

2023 年 1 月 17 日，安阳市文峰区法院以诬告陷害罪、敲诈勒索罪分别判处王某甲有期徒刑七年三个月，并处罚金两万元；王某乙有期徒刑七年，并处罚金两万元；李某某有期徒刑六年，并处罚金一万五千元。

【监督履职情况】

（一）依托重大疑难案件听取意见机制，避免错误认定犯罪事实。

2021年10月31日，李某某向安阳市公安局高新分局报案称被孙某某强奸，公安机关于当日立案侦查，并对孙某某采取强制措施。侦查过程中，高新分局发现自称李某某姑姑的王某甲，立案后曾与王某乙一起主动与孙某某家属联系，称如能赔偿即可出具谅解书并去派出所撤案，该举动违背常理。由于本案系性侵未成年人的恶性犯罪，高新分局通过侦查监督与协作配合办公室邀请文峰区检察院就案件下一步侦办工作提出意见建议。文峰区检察院经提前审查、分析在案证据材料并与办案人员交流会商，向高新分局提出了以三人关系为突破口，围绕三人户籍信息及是否存在亲属关系进一步侦查取证的建议。在查明李某某和王某甲并非亲属关系后，检警机关进一步加强研判会商，认为三人可能涉嫌诬告陷害犯罪，决定改变侦查方向。公安机关依法对王某甲等人以涉嫌诬告陷害罪立案侦查，并在广东省佛山市禅城区将三人抓获，同时对孙某某撤销案件，解除强制措施。

（二）依托检警异地协作配合机制，依法准确追究刑事责任。王某甲等人被以诬告陷害罪立案后，文峰区检察院与公安机关经研判，认为三人可能在禅城区也曾实施类似犯罪。文峰区检察院依托检察机关异地协作机制向禅城区检察院发出提示，禅城区检察院借助检警机关信息共享机制，在当地警务平台中发现李某某被抓获前在禅城区也曾报案被强奸。综合以上情况，文峰区检察院认为三人具有明显的套路化、流窜性作案特点，遂建议高新分局以三人共同的活动轨迹为线索，在全国范围内展开侦查，最终查明王某甲等人在重庆市江北区、四川省遂宁市、河北省邯郸市等地共实施八起诬告陷害犯罪。其中四起随之实施了敲诈勒索行为，共敲诈勒索23.7万元，实际获赃款8.7万元；三起案件中的被害人被错误立案后拘留、逮捕。通过异地协作机制，文峰区检察院、高新分局向异地检警机关通报案情、移送证据材料，三名已经被立案侦查的被害人被撤销案件或作出不起诉决定，及时避免了冤错案件发生。

（三）依托会商指导和联席会议机制，统一法律适用意见。侦查过程中，检警机关对以下两个问题存在分歧意见：一是王某甲等三人的诬告陷害行为与敲诈勒索行为是否具有牵连关系、应认定一罪还是数罪；二是在四起犯罪事实中，王某甲等三人仅实施了引诱被害人发生性关系并报案的行为，并未以控告相威胁索要财物，该四起犯罪事实如何定性、应认定一罪还是数罪。针对以上问题，检警机关召开联席会议，经会商研讨，双方达成一致意见认为：一是本案中的诬告陷害行为与敲诈勒索行为并非必然的手段行为和目的行为，不构成必然的牵连关系，应数罪并罚。二是未以控告相威胁索要财物的四起犯罪事实应认定诬告陷害罪一罪。基于上述共识，文峰区检察院向高新分局提出针对性侦查取证意见。提起公诉后，以上意见得到法院支持。

【典型意义】

人民检察院要积极发挥侦查监督与协作配合机制作用，切实提升检察监督质效。在对重大疑难案件提前审查、提出意见的过程中，要充分履行监督职责，通过提前审查案件材料，及时发现和监督纠正侦查环节在事实认定、证据调取、法律适用中存在的问题。要会同公安机关积极构建协作配合与监督制约协同推进的监督办案模式，共同夯实案件事实、证据基础，督促侦查人员及时收集固定有罪、无罪证据，完善证据体系，准确适用法律，在及时监督撤销错误立案、避免错误追究当事人刑事责任的同时，依法准确认定和惩治诬告陷害、敲诈勒索的违法犯罪行为。同时，要加强关联案件的串并案分析，加强异地办案协作，及时移送案件线索，督促纠正关联错案。

案例二

最高人民检察院办理许某运输毒品“无罪”抗诉案

【基本案情】

2013年10月23日23时34分，被告人许某驾驶一辆轿车途经广西防城港市港口区高速公路收费站出口时，冲卡抗拒警察检查，后弃车逃匿。警察在该车内查获冰毒3500余克、K粉660余克等毒品。经查，该车为许某案发前租用，车内藏毒品的音箱、手提包和手机、银行凭证、衣服、烟头等物品均为许某所留；冲卡前后使用手机186××××××89与冲卡车辆GPS活动轨迹一致，该手机号码为许某实名开户。2015年许某被抓获归案后拒不认罪，称其在广东省廉江市将车借给他人，未驾车到过防城港市。

案件经侦查、起诉，2017年6月20日，防城港市中级人民法院一审认定许某运输毒品犯罪事实成立，判处死刑。许某上诉后，广西壮族自治区高级人民法院裁定撤销原判，发回重审。2018年12月28日，防城港市中级人民法院作出与原一审相同的判决。许某再次上诉后，2020年5月25日，广西壮族自治区高级人民法院判决许某犯运输毒品罪不能成立。

【监督履职情况】

（一）提出抗诉。2021年1月5日，广西壮族自治区检察院（以下简称自治区检察院）经审查认为，终审法院判决许某犯运输毒品罪不能成立确有错误，提请最高人民检察院抗诉。

（二）自行补充侦查。最高人民检察院收到自治区检察院提请抗诉案件材料后，办案组审查了全案证据材料，并赴广西查看犯罪现场，与公检法办案人员座谈研究，在全面分析终审判决理由和提请抗诉理由后认为，本案运输毒品暴力抗拒检查的事实清楚，但证明系许某所为的证据链尚未完全闭合，应当补强定案证据排除合理怀疑，遂重点围绕冲卡前后使用手机 186××××××89 的人是否为许某和浙江某鉴定机构的鉴定意见是否科学、合理等两个关键问题，开展调查核实和自行补充侦查工作，查明案发当晚持手机 186××××××89 通话的人即许某。同时，经委托最高人民检察院司法鉴定中心重新鉴定和对相关鉴定意见进行技术性证据审查，委托司法鉴定科学研究院对相关检材进行鉴定，两家鉴定机构均认为浙江某鉴定机构鉴定意见中使用的检材图像不具备同一认定的检材条件、由此作出的驾驶员不是许某的鉴定意见缺乏科学依据。

（三）抗诉理由。办案组在自行补充侦查获取上述新证据后认为，六段语音通话内容与行车轨迹及其他证据能够相互印证，证明车辆、手机、驾驶人的活动轨迹一致，足以认定许某即案发当晚运输毒品的冲卡人。本案有新的证据证明许某运输毒品犯罪事实成立，原终审判决的证据基础已发生变化，应予纠正。

（四）抗诉结果。2022 年 3 月 23 日，经最高人民检察院检委会审议决定向最高人民法院提出抗诉。同年 9 月，最高人民法院指令广西壮族自治区高级人民法院再审。2023 年 9 月，广西壮族自治区高级人民法院再审判决认为，本案现有证据环环相扣，足以证实许某携带毒品从广东省驾车前往广西防城港市并冲卡逃逸的犯罪事实，检察机关指控许某构成运输毒品罪的抗诉意见成立，认定许某犯运输毒品罪，判处许某死刑。

【典型意义】

（一）主动适应以审判为中心的刑事诉讼制度改革要求。法律监督不是要分出你错我对，而是维护司法公正的共同价值追求。重罪案件特别是死刑案件证明标准把握更为严格，检察机关要围绕生效裁判所提的证据问题，积极补充侦查收集新证据，在闭合定案证据链条的基础上依法提出抗诉，既对生效裁判作出了回应，又通过法律监督实现了公平正义。

（二）发挥上级检察机关的抗诉主导作用和检察一体优势。加强检察机关的法律监督是公正司法的重要保障，开展法律监督不能“单打独斗”，需要强化“上下联动”和“左右协同”。上级检察机关要发挥抗诉主导作用和检察一体的制度优势，在审查全案证据，全面分析生效裁判理由和提请抗诉理由的基础上，注重统筹指导和上下级检察院的联动，加强检察机关与侦查机关的协作配合，共同构建以证据为中心的刑事指控体系，确保依法、规范、高效办好抗诉案件。

案例三

河南省郑州市检察机关监督纠正社区矫正对象王某某漏管案

【基本案情】

社区矫正对象王某某，2013 年 10 月 18 日因犯聚众斗殴罪被河南省郑州市中牟县法院判处有期徒刑三年，宣告缓刑五年。王某某被法院判处缓刑后，应在中牟县社区矫正机构接受社区矫正。2020 年 8 月，河南省新密市检察院在审查一起黑社会性质组织犯罪案件时，发现王某某在缓刑考验期间，自 2014 年 7 月至 2018 年 7 月多次参加黑社会性质组织犯罪，参加寻衅滋事八起、强迫交易六起以及开设赌场、敲诈勒索、聚众斗殴、非法拘禁等犯罪活动。11 月 30 日，新密市检察院对王某某等13人黑社会性质组织犯罪案提起公诉，同时提出对王某某撤销缓刑、数罪并罚的量刑建议。12月29日，新密市法院判决撤销王某某缓刑，并对其参加黑社会性质组织罪、聚众斗殴罪、寻衅滋事罪、强迫交易罪、开设赌场罪、敲诈勒索罪、非法拘禁罪等罪名数罪并罚，决定合并执行有期徒刑二十一年，并处没收个人全部财产，罚金人民币四十六万六千元，剥夺政治权利四年。2021年3月31日，因同案犯上诉，郑州市中级人民法院二审裁定驳回上诉，维持原判。

2021年3月，郑州市检察机关进一步调查核实，发现王某某由于相关司法工作人员在社区矫正交付执行过程中存在严重渎职行为，在缓刑考验期内，并未依法接受社区矫正。郑州市两级检察机关向有关部门提出监督意见，并协同司法行政机关，共同完善社区矫正交付执行衔接机制。2023年3月，原案审判人员因未按照法律规定履行社区矫正交付执行职责，构成玩忽职守罪，被依法追究刑事责任。

【监督履职情况】

（一）线索发现。新密市检察院在审查王某某等13人黑社会性质组织犯罪案中，发现王某某在缓刑考验期内，多次参加涉黑恶暴力犯罪活动，属于应当予以收监执行情形，但社区矫正机构未向法院提出撤销缓刑建议，法院也未裁定予以收监执行，可能存在社区矫正对象漏管问题，遂将监督线索报送至郑州市检察院。

（二）调查核实。接到线索后，郑州市检察院组织开展了调查核实工作。一是查询王某某缓刑考验期间是否具有社区矫正记录。经调取中牟县社区矫正机构的社区矫正对象登记表、工作台账及卷宗档案，运用河南省社区矫正管理系统核查接收社区矫正对象信息，均未发现王某某入矫等社区矫正记录。二是调查王某某交付执行情况。通过实地走访中牟县社区矫正机构及司法所等部门，与当地居民和社区矫正工作人员谈话，了解到王某某长期在其居住地活动，未到社区矫正机构报到。中牟县社区矫正机构也未收到交付王某某执行社区矫正的相关法律文书，中牟县检察院及公安机关也均未收到抄送的王某某执行社区矫正相关法律文书。经询问王某某本人，其被法院宣告缓刑后收到《释放通知书》，但法院未告知其到社区矫正机构报到的时间期限，未按照规定到社区矫正机构报到并依法接受矫正。王某某在缓刑考验期间，长期处于漏管状态。三是调查核实社区矫正交付执行中存在的违法问题。经调取王某某原刑事审判案卷，发现原案卷宗材料中缺少《调查评估意见书》《执行通知书》《执行通知书（回执）》《接受社区矫正告知书》等法律文书。原刑事审判庭有关人员证实，该案原审判人员在审理案件过程中，未对拟判处缓刑的被告人王某某的社会危险性和对所居住社区的影响进行调查评估，未按照法律规定履行缓刑罪犯交付执行职责，没有制作《执行通知书》等法律文书。

（三）监督意见。中牟县检察院经审查认为，中牟县法院违反相关法律规定，未在法定期限内将王某某交付社区矫正机构执行，遂向法院提出加强社区矫正交付执行衔接和审判执行内部监督机制的检察建议。郑州市检察院对社区矫正交付执行衔接问题进行跟踪监督，建议市司法局完善司法协同等相关制度，对王某某社区矫正漏管背后的司法工作人员职务犯罪线索，指定中原区院调查核实。2022 年 9 月 16 日，郑州市院对原案审判人员立案侦查。

（四）监督结果。2021 年 3 月 31 日，经二审裁定，王某某被撤销缓刑，与所犯新罪数罪并罚，合并执行有期徒刑二十一年。中牟县法院针对检察院监督意见，通过警示教育、与司法行政部门召开联席会议、建立院领导定期抽查案件卷宗等形式，规范交付执行程序。郑州市司法局联合有关部门制定规范性文件，进一步细化交付执行衔接程序。2023 年 3 月 29 日，原案审判人员因犯玩忽职守罪，被中原区法院判处有期徒刑六个月，缓刑一年。

【典型意义】

人民检察院开展社区矫正法律监督工作，应加大对交付执行环节的监督力度，严把社区矫正工作起点关。交付执行涉及不同部门的衔接配合，如果社区矫正对象未被依法及时交付执行或各部门衔接配合不当，将会严重影响社区矫正的执行。人民检察院应当强化对社区矫正交付执行的法律监督，推动社区矫正决定机关和社区矫正机构有效协作配合，依法开展监督，及时发现交付执行中的违法行为，确保社区矫正活动规范有序开展。同时，应当注重发现交付执行履职不当等行为背后的职务犯罪线索，按照有关规定及时将线索移送有关部门处理。

检察机关“依法惩治网络犯罪助力网络空间综合治理”典型案例

（2024 年 2 月 23 日最高人民检察院发布）

案例一

胡某某等人诈骗组织他人偷越国境、偷越国境案

——在境外组建大型犯罪集团实施跨境电信网络诈骗

【基本案情】

2020 年 11 月，胡某某等人在缅甸佤邦地区成立“兴旺公司”，开

发上线“软银集团”App，招揽多个电信网络诈骗犯罪团伙进驻其租用的作案场所，统一购买、提供电脑、手机、社交软件账号等作案工具，雇用安保人员管理人员出入，明确奖惩制度，逐步发展为层级分明、分工明确、成员众多的电信诈骗犯罪集团。该犯罪集团设置负责人、总监、代理、组长、组员五个层级，胡某某为负责人，负责整个犯罪集团的管理；任某某自2021年2月起任总监，协助胡某某进行管理；下设若干小组，直接实施诈骗活动。该电信网络诈骗集团采用“杀猪盘”手段实施诈骗，即在短视频、交友类App上选择中青年女性进行聊天，以虚假成功男性人设诱导对方添加微信，通过男女朋友交往的方式培养感情，伺机掌握对方财产状况；在确定恋人关系后，更换聊天工具为其他软件，引诱被害人下载登录“软银集团”App，以提供高息回报等方式诱骗被害人投资；通过更改后台数据，操控被害人先期获取小额盈利，再以充值赠送、注册会员等名义诱导被害人大额投资，待大额投资到账后关闭提现功能，并以操作错误、涉嫌洗钱等名义要求被害人交纳“保证金”，以继续实施诈骗。截至2021年8月案发，该电信网络诈骗集团共诈骗121名被害人2900余万元。

另，2020年5月至2021年3月，胡某某等4人先后组织23人从我国境内偷渡至缅甸；2020年3月至2021年3月，胡某某等26人先后结伙从我国境内偷渡至缅甸。

【检察履职】

2021年10月至2023年2月，山东省济宁市公安局市中区分局分批将胡某某等人提请济宁市任城区检察院批准逮捕。济宁市任城区检察院作出批准逮捕决定后，提出继续侦查提纲，建议侦查机关重点对“兴旺公司”组织架构、管理制度和各犯罪嫌疑人地位作用等问题开展侦查工作，加强对犯罪嫌疑人偷渡出境过程的侦查，全面查清关联犯罪。

2022年2月至2023年4月，济宁市公安局市中区分局陆续将该案移送检察机关审查起诉。2022 年 8 月至 2023 年 6 月，济宁市任城区检察院先后对胡某某等 43 人提起公诉，指控胡某某等人犯诈骗罪、组织他人偷越国境罪、偷越国境罪等，认定胡某某为犯罪集团首要分子。

2023 年 10 月，济宁市任城区法院作出一审判决，以诈骗罪、组织他人偷越国境罪、偷越国境罪判处胡某某有期徒刑二十年，并处罚金三百零五万元；胡某雷等 42 名被告人被判处有期徒刑二年四个月至十九年不等，罚金三万元至七十万元不等。一审判决后，部分被告人不服判决，提出上诉。2023 年 12 月，济宁市中级人民法院裁定驳回上诉，维持原判。

【典型意义】

（一）依法从严打击跨境电信网络诈骗犯罪。当前，部分跨境电信网络诈骗犯罪分子成立公司，租用场所，招揽他人进驻，利用公司化运作模式组织实施诈骗活动。诈骗集团内部层级严密，分工明确，组织特征鲜明，大肆实施诈骗行为，严重侵犯人民群众财产安全。对跨境电信网络诈骗犯罪集团的首要分子和骨干成员应当秉持零容忍的态度，坚决依法从严打击。

（二）全面查清关联犯罪，从严追究刑事责任。跨境电信网络诈骗，往往伴随着组织他人偷越国（边）境、偷越国（边）境等犯罪活动。检察机关在引导公安机关对诈骗犯罪开展侦查取证的同时，要加大对关联犯罪的引导侦查、自行补充侦查工作力度，全面查清关联犯罪事实，准确适用数罪并罚，确保做到罪责刑相适应。

【检察官提醒】

“杀猪盘”式诈骗是较为常见的电信网络诈骗手段，且仍在不断升级演化。犯罪分子为实现诈骗目的，组织“引流”人员在各类 App 上搭讪被害人，以所谓成功人士的身份，使用专门话术，骗取被害人的感情与信任。为了躲避常用聊天软件监测，在确定虚假恋爱关系后，诱导被害人使用其他聊天软件并怂恿其下载安装虚假交易 App 进行“投资”，达到诈骗钱财目的。广大人民群众要切实提高防范意识，理性交友投资，在网络聊天时认真核实对方真实身份，不要轻信所谓的“内部消息”，更不要点击、下载来源不明的 App，谨防上当受骗。

案例二

高某某等人诈骗、掩饰、隐瞒犯罪所得帮助信息网络犯罪活动案

——组建“跑分团伙”为电信网络诈骗等违法犯罪提供帮助

【基本案情】

2021 年 10 月起，高某某、李某、叶某某、陈某等人组成“跑分洗钱”团伙，与上游电信网络诈骗分子长期合作，为其转移犯罪资金。该“跑分洗钱”团伙通过孙某等人大量收购银行卡，通过黄某购入 11 台 POS 机，并在 Telegram 聊天群内告知上游诈骗分子可用于接收诈骗款的银行卡用户名、账号。诈骗资金进入上述银行卡账户后，该“跑分洗钱”团伙通过 POS 机刷卡消费的方式将诈骗资金转移到该 POS 机绑定的银行卡，再将该卡内资金转入林某等人提供的银行卡内，由林某等人将资金兑换成泰达币后交给该团伙，该团伙再交给上游诈骗分子，从中获取资金流水 12%—15%的提成，并按约定比例支付孙某、黄某等人费用。其中，高某某负责对接上游诈骗分子、收购 POS 机、银行卡；李某负责收购 POS 机、银行卡、转账；叶某某负责转账、泰达币交易；

陈某负责泰达币交易、POS 机刷卡；袁某某受招募负责 POS 机刷卡等。经查，该“跑分洗钱”团伙帮助其他犯罪团伙转移资金 1.1 亿余元，其中诈骗资金 1281 万余元，非法获利 100 万余元；林某等人帮助兑换泰达币 1.1 亿余元，非法获利 400 余万元；黄某提供 11 台 POS 机，非法获利 200 余万元；孙某等人共收买、提供 60 余张银行卡，非法获利 10 万余元。

【检察履职】

本案由浙江省诸暨市公安局以掩饰、隐瞒犯罪所得罪立案侦查。侦查阶段，诸暨市检察院提前介入，经分析研判，建议侦查机关注重收集聊天记录、资金流向等客观证据，查明该团伙勾结上游诈骗团伙，搭建被骗资金接收、转移通道，帮助上游诈骗团伙实施诈骗的犯罪事实。

审查起诉阶段，针对查找被害人难度大的问题，检察机关和公安机关发挥侦诉协作机制，运用大数据平台全面筛查，准确关联到全国范围内 300 余名被害人，最终认定该“跑分洗钱”团伙帮助上游诈骗分子转移资金达 1281 万余元。其间，检察机关继续深挖漏犯，通过梳理第三方交易平台电子数据、审讯同案犯等方式，追加起诉施某某等 5 名为犯罪提供帮助的倒卖银行卡、虚拟币人员。

2023 年 5 月至 12 月，诸暨市法院以诈骗罪判处高某某、李某、叶某某、陈某有期徒刑七年至十年六个月不等，并处罚金二十三万元至二十五万元不等；以掩饰、隐瞒犯罪所得罪判处袁某某有期徒刑三年，缓刑四年，并处罚金一万元；以帮助信息网络犯罪活动罪判处孙某、黄某、林某、施某某等人有期徒刑一年至二年六个月不等，并处罚金五千元至七万元不等。部分被告人提出上诉，二审裁定驳回上诉，维持原判。

【典型意义】

（一）全链条严惩电信网络诈骗“帮凶”，最大限度地铲除犯罪土壤。当前为诈骗犯罪提供技术支持、推广引流、跑分洗钱等黑灰产违法犯罪大量存在，是电信网络诈骗犯罪猖獗的重要原因。打击治理电信网络诈骗，必须坚持全链条打击，严惩上下游关联违法犯罪，斩断相关黑灰产业链条。检察机关引导公安机关查明“跑分洗钱”运营团伙长期勾结上游电信网络诈骗分子，厘清提供银行卡、POS机、虚拟币交易的跑分洗钱犯罪链条，依法惩处关联犯罪人员，有效铲除电信网络诈骗的下游黑灰产业链，对遏制上游诈骗犯罪起到积极作用。

（二）全面依法准确定性各层级人员行为，做到罪责刑相适应。电信网络诈骗关联犯罪涉案人数多、层级不同，对诈骗罪、掩饰、隐瞒犯罪所得罪、帮助信息网络犯罪活动罪区分认定难。在坚持依法从严打击的同时，应注重区分犯罪链条上不同环节行为的性质，准确认定不同层级人员的刑事责任，避免重罪轻诉、轻罪重惩。检察机关在引导公安机关查明“跑分洗钱”团伙与诈骗犯罪团伙合作方式、犯意联络紧密程度、各犯罪嫌疑人主观明知程度的基础上，准确定性，认定“跑分洗钱”团伙主要成员为诈骗罪共犯；认定受招募负责POS机刷卡人员为掩饰、隐瞒犯罪所得罪；认定提供银行卡、POS机人员及倒卖虚拟币人员为帮助信息网络犯罪活动罪，做到罪责刑相适应。

【检察官提醒】

“跑分洗钱”团伙往往以蝇头小利为诱饵，招募人员通过银行卡转账、POS机刷卡、虚拟币交易等多种方式为电信诈骗、网络赌博等犯罪团伙洗钱。广大人民群众要提升法律意识，莫要贪图小利，随意出租、出售银行卡，具有支付功能的资金账户、POS机，或者帮助虚拟币交易等，谨防沦为电信网络诈骗犯罪“帮凶”，受到法律制裁，最终害人害己。

案例三

黄某某侵犯公民个人信息案

——利用网络非法买卖他人实名微信号

【基本案情】

2021 年 1 月至 2022 年 8 月，黄某某为谋取非法利益，通过境内及境外聊天软件等网络途径，发布收购微信账号广告，以每个 70 元至 400 元不等的价格向社会不特定人群购买实名认证的微信号，并向卖家谎称已注销实名认证信息。后加价将上述含有公民个人信息的微信号批量出售给他人。经查，黄某某合计买卖微信号 1300 余个，违法所得 30 余万元，个人非法获利 14 万余元。

【检察履职】

本案由浙江省嘉兴市公安局南湖区分局立案侦查。2023 年 1 月 13 日，公安机关以黄某某涉嫌侵犯公民个人信息罪移送嘉兴市南湖区检察院审查起诉。检察机关针对黄某某自称从 2022 年 2 月才开始买卖微信号、实际卖出仅 200 多个、获利仅 2 万元等辩解，引导公安机关补充勘验作案手机和调取卖家证言，完整提取电子数据，夯实指控犯罪证据基础。经充分梳理分析聊天记录和账户资金交易明细，结合其供述及证人证言，进一步查明黄某某非法买卖微信号的时间、数量和获利金额等事实。同时，针对黄某某辩称部分微信号已解除实名绑定，检察机关引导侦查人员进行验证，确认其出售的微信号实名认证并未注销。后黄某某认罪认罚，并退缴违法所得 20 万元。

2023年6月30日，嘉兴市南湖区检察院以黄某某犯侵犯公民个人信息罪向南湖区法院提起公诉；7月12日，检察机关提起附带民事公益诉讼，按照其非法获利确定侵权赔偿数额，请求判令黄某某承担十四万元民事赔偿责任。

2024年1月23日，南湖区法院当庭作出判决，以侵犯公民个人信息罪判处黄某某有期徒刑三年，缓刑三年六个月，并处罚金三十万元；判处附带民事公益诉讼被告黄某某支付赔偿款十四万元。黄某某未上诉，判决已生效。

【典型意义】

（一）依法严惩侵犯公民个人信息犯罪，保护人民群众隐私安全。公民实名认证的微信号通过网络非法买卖，往往成为电信网络诈骗等犯罪的工具，既侵害公民个人信息安全，也对公民财产安全带来风险和隐患，具有严重的社会危害。检察机关要依法能动履职，注重全面收集、审查和运用证据，通过查明侵犯公民个人信息的数量、非法获利等事实，依法严惩犯罪。

（二）刑事追责和公益诉讼协同发力，强化公民个人信息全方位司法保护。通过网络大量买卖他人实名认证微信号的行为，导致不特定多数人的人身和财产安全面临重大风险，严重侵害公民个人信息安全，损害社会公共利益，不仅应承担刑事责任，还应依法承担相应的民事赔偿责任。检察机关统筹发挥刑事追诉和民事公益诉讼职能作用，通过对侵权者追责索赔，提升打击惩治效果。

【检察官提醒】

微信账号等社交账号大多与特定自然人的身份信息、手机号码、银行账户等关联绑定，是公民个人信息的重要载体。对非法购买、出售公民实名认证微信账号的违法犯罪行为应当予以严惩。公民个人也要充分认识到此类行为的严重社会危害性，抵制经济利益诱惑，增强自我保护意识，坚决向网络违法犯罪说“不”。

案例四

李某侮辱、传播淫秽物品案

——利用“境外黄色网站”传播含有他人个人信息的私密视频及其他无法识别人员信息的私密视频

【基本案情】

2021 年 10 月，李某与王某在酒吧结识后互加微信。同年 12 月，二人相约至李某住所地发生性关系。其间，李某趁王某睡着之际偷拍包含完整人脸信息的私密视频。一周后，李某再次约王某喝咖啡并邀请对方回家发生性关系，遭王某拒绝。为报复，李某将前期偷拍王某的 1 部私密视频上传至境外黄色网站，并使用具有侮辱性质且含有个人信息的名称命名。后因该网站后台多人向李某私信索要视频及联系方式，李某因害怕删除该视频。删除前，该视频已被境外其他色情网站转载，转载后浏览量达 2.3 万余次。2023 年 3 月，王某从他人处获悉该视频在网络流传并被熟人认出后报警。

另查明，李某在境外网站还上传其与另外 5 名女性发生性关系时所拍摄的没有面部信息且无其他识别具体人员信息的视频 42 部，点击量总计 9000 余次。

【检察履职】

2023 年 3 月 27 日，江苏省苏州市公安局苏州工业园区分局对李某以涉嫌传播淫秽物品罪立案侦查。经公安机关商请，江苏省苏州工业园区检察院派员介入侦查，围绕域外网络特点、犯罪动机、情节及造成的社会影响等方面提出证据收集的意见建议。经公安机关提请，4月27日，检察机关依法对李某批准逮捕。

2023年6月28日，公安机关以李某涉嫌传播淫秽物品罪向检察机关移送审查起诉。检察机关审查后认为，对于本案中上传42部私密视频的行为，可依法认定传播淫秽物品罪；但对上传含有王某个人信息的私密视频的行为，应体现对特定被害人的保护，构成侮辱罪。同时，李某的行为符合刑法第二百四十六条第二款规定的“严重危害社会秩序”情形，应适用公诉程序。9月25日，检察机关以李某涉嫌侮辱罪、传播淫秽物品罪向江苏省苏州工业园区法院提起公诉。

该案经不公开开庭审理，法院作出一审判决，采纳检察机关的指控，以被告人李某犯侮辱罪，判处有期徒刑七个月；犯传播淫秽物品罪，判处有期徒刑六个月，合并执行有期徒刑十个月。判决宣告后，李某未上诉，判决已生效。

【典型意义】

（一）准确认定侮辱罪，依法严惩网络暴力犯罪。对于行为人上传至网络空间的主要描绘性行为、宣扬色情属性的私密视频，应当认定为“淫秽物品”，情节严重的，构成传播淫秽物品罪。对于行为人上传包含完整人脸信息、可准确识别特定自然人的私密视频，且具有公然贬损他人人格或名誉的，应当以侮辱罪追究刑事责任。

（二）准确适用公诉程序，向“网黄者”亮剑。侮辱罪一般属“告诉才处理”的自诉犯罪，但法律规定“严重危害社会秩序和国家利益”的除外。对于“严重危害社会秩序”的网络侮辱行为，应当综合侵害对象、动机目的、作案手段、信息传播范围、危害后果等因素作出判定，符合公诉条件的案件，依法适用公诉程序追究刑事责任。

【检察官提醒】

网络时代背景下，被偷拍、被上传至网络进而引发广泛传播的现象时有发生，公众要加强个人信息、个人隐私等保护，依法运用法律武器维护自身合法权益。

案例五

王某某猥亵儿童、强制猥亵案

——通过网络手段“隔空猥亵”实施性侵害未成年人犯罪

【基本案情】

被告人王某某于 2021 年 8 月至 2022 年 1 月，为满足个人性刺激，在某社交软件上冒充未成年女性，通过软件的自动推荐匹配功能结识低龄未成年人，然后从中寻找出女性网友进行关注或者打招呼，申请加入相关的学习群、作业群，骗取信任后以引诱、威胁等手段，要求被害人发送隐私部位照片供其观看，共涉及全国 15 个省市的未成年被害人 25 名，其中不满 14 周岁的儿童 24 名，不满 16 周岁的未成年女性 1 名。经勘验检查，王某某手机中共保存涉案照片 200 余张、视频 20 余段。

【检察履职】

2022 年 1 月 15 日，江苏省江阴市公安局以涉嫌猥亵儿童罪对王某某立案侦查。侦查阶段，江阴市检察院提前介入，建议侦查机关及时调取与被告人手机号码注册账户相关联的软件后台数据，查明涉案网络虚拟身份与真实身份的对应性，收集固定其与被害人的网络聊天记录等证据。2022 年 3 月 7 日，江阴市检察院对王某某以涉嫌猥亵儿童罪批准逮捕。同年 9 月 2 日，江阴市检察院以被告人王某某涉嫌猥亵儿童罪、强制猥亵罪依法提起公诉。2023 年 4 月 23 日，江阴市法院依法以猥亵儿童罪、强制猥亵罪判处王某某有期徒刑八年六个月。

江阴市检察院针对案件中反映出的某社交软件在平台注册认证机制、用户举报处理以及对聊天内容审核等方面存在的管理漏洞，与开发运营公司沟通磋商、通报案件情况、了解算法技术原理，于 2023 年 2 月向该公司制发《检察提示函》，从严格用户注册制度、完善平台审核机制、落实强制报告义务等三个方面提示其承担网络保护责任、净化未成年人上网环境。该公司收到《检察提示函》后，主动与江阴市检察院多次联系，沟通整改事宜，于 2023 年 3 月 28 日书面回复整改落实情况：一是制定更加详细的《未成年人内容管理规范》，建立包括未成年人用户规则、涉未成年人不良内容规则等制度；二是增加注册账号的准入审核功能，阻止有违规或被举报历史的手机号码重新注册用户，设置私信未成年人用户色情信息、图片的拦截模型；三是建立举报快速处置机制，加强对涉未成年人软色情、性诱导信息内容的处置力度。目前，已累计审核处理违规账号 2 万余个，圈定平台风险用户 70 余万个。

【典型意义】

（一）依法准确认定"隔空猥亵"犯罪。本案被告人王某某为满足自己性欲，诱骗多名未成年人通过网络发送裸照，暴露身体隐私部位供其观看，符合刑法第二百三十七条的规定，应当以强制猥亵罪或者猥亵儿童罪定罪处罚。

（二）督促网络运营者依法加强未成年人网络保护。检察机关坚持综合司法保护，重点关注案件背后的网络治理问题，灵活运用公益诉讼、检察建议、检察提示函等监督方式，推动互联网企业落实未成年人网络保护主体责任，消除违法犯罪风险和安全隐患，净化未成年人上网环境，共同维护未成年人网络合法权益。

【检察官提醒】

日常生活中，未成年人的父母或者其他监护人应当加强对未成年人使用网络行为的引导和监督。学校应加强对未成年人安全上网的教育，提高其防范网络危害的自护意识和自护能力。广大未成年人要培养健康上网的良好习惯，自觉远离黄色、暴力等有毒有害信息，遇到危险及时报警，保护自己不受网络犯罪侵害。

网络服务提供者要落实未成年人网络保护主体责任，发现用户利用其网络服务对未成年人实施违法犯罪行为的，应当立即停止向该用户提供网络服务，保存有关记录，并向公安机关报告，同时消除违法犯罪风险和安全隐患，净化未成年人上网环境。

案例六

吕某某非法控制计算机信息系统案

——离职人员远程登录科技公司服务器删除数据

【基本案情】

吕某某系北京某科技公司的 IT 高级工程师，负责该公司网络机房与服务器管理。2022 年 7 月，吕某某从公司离职。因离职前曾与公司负责人员发生矛盾，吕某某怀恨在心。2023 年 5 月 18 日晚，吕某某在家中使用其原有的管理员账号和密码，通过其本人手机登录该公司的共享服务器账户，修改管理员密码，并删除共享服务器磁盘中的数据和操作日志。2023 年 5 月 19 日，北京某科技公司发现大量工作数据丢失，影响正常工作开展，后为恢复数据共计花费 12 万余元。

【检察履职】

2023 年 8 月 28 日，北京市公安局昌平分局以吕某某涉嫌破坏计算机信息系统罪移送北京市昌平区检察院审查起诉。昌平区检察院受理后，通过自行补充侦查，查明吕某某删除数据的行为并未造成北京某科技公司计算机信息系统功能损坏或不能正常运行。同时，昌平区检察院积极开展追赃挽损工作，引导犯罪嫌疑人家属积极退赔被害公司损失，并取得被害公司谅解。

2023 年 9 月 27 日，北京市昌平区检察院对吕某某以非法控制计算机信息系统罪提起公诉。2023 年 11 月 8 日，北京市昌平区法院作出一审判决，以非法控制计算机信息系统罪判处吕某某有期徒刑三年，缓刑五年，罚金三万元。吕某某未上诉，目前判决已生效。

【典型意义】

（一）准确适用非法控制计算机信息系统罪，依法维护计算机信息系统安全。吕某某对计算机信息系统存储的数据进行了删除操作，公安机关以涉嫌破坏计算机信息系统罪移送审查起诉。经补充侦查查明，吕某某删除的数据为公司共享服务器中的备份数据和操作日志，也并未对计算机信息系统的功能造成实质性破坏或者造成系统不能正常运行，不应当认定为破坏计算机信息系统罪。吕某某在离职后仍使用原有管理员账号密码非法登录原公司服务器，且修改管理员密码、删除数据，对该计算机信息系统实施非法控制，应当认定为非法控制计算机信息系统罪。

（二）全面准确贯彻宽严相济刑事政策。该案造成的经济损失达 12 万余元，属于“情节特别严重”，依法应判处三年以上七年以下有期徒刑，并处罚金。吕某某到案后虽然初期不认罪，但检察机关在电子数据中发现关键证据，促使其从不认罪转变为认罪认罚，由家属代其积极赔偿被害公司的经济损失并取得谅解。吕某某系临时起意犯罪，无前科劣迹，且离职后已有新工作。综合考虑全部量刑情节，检察机关对吕某某适时开展羁押必要性审查，决定变更强制措施为取保候审，依法提出有期徒刑三年、缓刑五年，并处罚金的精准量刑建议，法院判决予以采纳。

（三）检察建议助力科创企业完善合规管理。该案案发与被害公司在数据与网络安全管理上存在漏洞有重要关系，导致已离职员工可以使用原有账号密码登录公司服务器账户并删除数据。昌平区检察院针对这一情况，及时制发检察建议书，建议该公司建立健全网络数据安全保护体系，增强数据信息保护和网络系统安全防范能力。该公司对检察建议高度重视，迅速落实积极整改，对公司网络数据安全情况进行策略优化。

【检察官提醒】

员工离职时若有不满或争议，可以通过与公司协商、投诉、申请劳动仲裁、诉讼等合法途径解决，千万不能一时冲动，为泄愤删除或修改原公司数据，影响原公司生产经营活动，否则可能面临刑事处罚。

随着信息网络技术的发展，储存在手机、电脑、服务器中的数据信息成为公司重要财产。科创企业应当建立严密的网络数据安全保护体系、完善的网络数据安全合规制度，加强对数据信息的制度管理和技术防护。

案例七

“开国少将”何克希肖像、名誉、荣誉权益保护民事公益诉讼案

——盗用英雄烈士肖像照片制作传播网络虚假信息

【基本案情】

何克希同志 1929 年加入中国共产党，1955 年在我国首次将官授衔仪式上，被授予少将军衔，成为“开国少将”，并获颁一级独立自由勋章、一级解放勋章。2022 年 10 月至 2023 年 7 月，郭某某、何某某、付某某通过各自的自媒体账号制作并发布“中共历史上最恶劣的十大叛徒”短视频时，将何克希同志的照片用于负面历史人物的头像。该短视频发布后，在互联网平台上被大量浏览、传播，造成恶劣社会影响。其中，郭某某的快手账号播放量达 132 万余次；何某某的抖音账号粉丝量达 356 万余人，播放量达 32 万余次；付某某的微信视频账号、抖音账号播放量达 1000 余次。

【检察履职】

2023 年 8 月，浙江省杭州市西湖区检察院接到何克希同志近亲属反映的上述线索后，遂以民事公益诉讼立案调查，并同步开展线上取证与线下调查工作。依法向全网各短视频平台调取涉案账号的人员身份信息、涉案视频数据信息，派员分别前往河北、安徽、湖南等地询问侵权人，对郭某某、何某某、付某某三人实施侵权行为的事实和证据予以固定。同步收集何克希同志的事迹证明材料，并依法履行民事公益诉讼诉前程序，取得何克希同志近亲属支持检察机关提起民事公益诉讼的书面

声明。

2023 年 11 月 30 日，西湖区检察院向杭州互联网法院依法提起民事公益诉讼，诉请判令郭某某、何某某、付某某三人分别在国家级媒体上公开赔礼道歉、消除影响，并承担公益损害赔偿金共计十五万元。同年 12 月 21 日，杭州互联网法院公开开庭审理本案，判决支持检察机关全部诉讼请求。判决生效后，涉案三人各自在《法治日报》上刊登《致歉声明》，并支付相应公益损害赔偿金。目前，三人发布的涉案短视频已删除，涉案账号已被封禁，相关赔偿款项后续将用于何克希同志纪念设施维护和革命事迹宣传等事项。

【典型意义】

（一）依法追究网络侵权责任，承担公益损害赔偿金。英雄烈士的事迹和精神是中华民族宝贵的历史记忆和精神财富。检察机关依法提起民事公益诉讼后，各侵权行为人公开赔礼道歉、消除影响，并根据过错程度、影响范围、侵害情节，承担数额不等的公益损害赔偿金，用于英雄烈士纪念设施维护和革命事迹宣传，弘扬了社会主义核心价值观，用检察公益诉讼捍卫英雄烈士的名誉尊严。

（二）依法处理网络虚假信息，推动营造清朗网络空间。为博取网民关注，赚取网络流量，大型网络平台中各类张冠李戴、胡编乱造的信息层出不穷。检察机关通过提起民事公益诉讼，明确网络自媒体对所发布信息的审查义务，发布侵害他人合法权益的网络虚假信息应依法承担侵权责任，为推进网络虚假信息的综合治理，打造清朗的网络空间提供了有力的法治保障。

【检察官提醒】

自媒体时代，人人皆可创作。作为自媒体博主，尤其是粉丝量众多，具有一定社会影响的博主，应确保发布信息的客观真实，不得发布侵害他人合法权益的网络虚假信息。对包含严重负面评价的内容，更应尽到审慎核实义务。让英雄名誉和荣誉蒙尘，往往只需要一张不经核实的照片和一段数十秒的“爆款”短视频。在流量可变现的互联网时代，广大自媒体博主应自觉树立法律意识，切不可为吸引眼球、赚取流量，损害社会个人、群体，甚至英雄烈士的合法权益。

案例八

整治互联网短视频传播虚假信息行政公益诉讼案

——通过篡改官方发布的国家机关工作人员视频，制作并发布“反催收”短视频广告

【基本案情】

2023 年以来，广东瑞某法务咨询有限公司（以下简称瑞某公司）注册某互联网平台视频号“某某要解决问题”“瑞某法务”，为招揽债务咨询服务，从互联网下载官方发布的国家机关工作人员新闻发布会等视频，消除原音后编辑配音，通过视频号发布关于贷款逾期、债务优化咨询等内容的“反催收”短视频近 20 条，制造出广告播放信息是源自官方新闻发布的假象。经比对原始视频，被违法使用形象的国家工作人员涉及政府机关、司法机关等，部分短视频浏览转发量较大，如 2023 年 6 月 8 日发布的某视频转发量已达 5099 次、获点赞 911 次、获收藏 1105 次，且视频声明为原创。

【检察履职】

2023 年 6 月，广东省人民检察院在履职中发现该案线索，根据

《人民检察院公益诉讼办案规则》关于管辖的规定，由广东省人民检察院领办，统筹指导广东省佛山市检察院（以下简称佛山市院）和深圳市检察院（以下简称深圳市院）依法办理，开展跨区域协作调查取证。

佛山市院经调查查明，瑞某公司通过视频号发布含有国家机关工作人员形象的经过编辑配音的短视频，用于宣传公司“反催收”业务，涉嫌违反广告法第九条“广告不得使用或者变相使用国家机关工作人员形象”的规定。佛山市院遂向当地市场监督管理部门制发《磋商函》，督促调查核实违法情形并依法处理。同年 10 月 8 日，市场监督管理部门对瑞某公司作出行政处罚，依据广告法第五十七条第一项的规定，责令该公司立即停止发布违法广告，并处以罚款二十五万元，均已执行完毕。

深圳市院经调查查明，根据《互联网用户账号信息服务管理规定》，互联网平台作为经营服务平台应当对涉案账号以及类似违法营销问题履行管理职责。深圳市院遂向当地网信部门移送证据材料及研判意见，督促其依法办理。截至 2023 年 7 月 18 日，网信部门已督促平台企业深入清理涉案相关视频号动态 241 条，清理相关违规内容共 4. 7 万余条，处置违规账号 3845 个。同时，健全长效审核管理机制，从严处置无资质、视频布景假借与电视新闻节目相同或相似布景等违规账号。

【典型意义】

（一）以检察公益诉讼推动网络虚假信息源头治理。检察机关注重精准、规范监督，以传播网络虚假信息的违法性为切入点，进一步查明公益损害事实，明确行政违法行为。同时，突出公益诉讼的督促性、协同性，通过磋商等方式督促市场监督管理部门和网信部门依法履职、协同联动，集中整治互联网短视频传播虚假信息乱象，以个案办理推动类案监督促进综合治理。

（二）以检察一体化机制破解跨区域办案难题。广东省人民检察院在厘清违法情形的基础上统筹指挥、分案办理，与佛山、深圳检察机关充分发挥一体化办案优势，上下联动形成合力，督促两地行政机关依法履职，涉案公司和互联网平台积极整改，及时清理违规内容，实现跨地域、多部门协同推动网络空间治理。

【检察官提醒】

因互联网贷款逾期无法归还现象滋生的“反催收组织”，一般宣称提供债务归还服务，收取高额服务费，部分涉嫌构成诈骗犯罪。为推广业务，吸引客流，涉案公司非法利用国家机关工作人员视频资料编辑制作短视频，并通过互联网平台发布，不仅严重损害国家机关公信力，而且极易使公众因陷入错误认识而导致财产权益损失。广大群众应当合理借贷，理性消费，不轻信“帮助逃避还贷”的网络骗局，同时保护好身份证和银行卡等个人信息，谨防成为诈骗犯罪受害人。

司法实务问题研究

以刑事穿透性判断破解股权代持类职务侵占罪实务认定难题

赵依依* 胡 凯 朱舒凡**

近年来，民营经济快速发展，在国民经济中的地位和作用不断提升，民营企业在稳定增长、促进创新、增加就业、改善民生等方面起到重要作用。党的二十大报告强调，要优化民营企业发展环境，依法保护民营企业产权和企业家权益，促进民营经济发展壮大。但民营企业内部管理相对松散，存在产权不清晰、经营不规范、资产处置较为随意等问题，职务侵占、商业贿赂等内部贪腐时有发生，如何利用法律监督职责铲除民营企业内部的贪腐土壤，成为新时代检察机关护航民营经济健康发展的重要课题。在民营企业内部的贪腐问题中，职务侵占现象尤为常见，直接损害企业利益。据统计，2011 年至 2022 年，中国裁判文书网上涉及职务侵占的法律文书多达 62037 件。在此背景下，我国关于职务侵占罪的立法不断完善，研究亦不断深入。

* 作者单位：浙江省瑞安市人民法院。
** 作者单位：浙江省瑞安市人民检察院。

一、职务侵占罪的立法沿革

职务侵占罪的立法沿革与民营经济的发展进程息息相关。随着民营经济的蓬勃发展，我国在立法上逐步加强对涉企业产权安全犯罪的制裁力度。1979 年，我国颁布第一部刑法，当时仅规定了贪污罪，未对民营企业工作人员的职务侵占进行规制。随着改革开放的推进，民营经济发展迅猛，非国家工作人员侵占公司内部财物的现象逐渐增多，1993 年通过的公司法正式对公司内部职务侵占行为作出负面评价，并强调“构成犯罪的，依法追究刑事责任”；1995 年通过的《全国人民代表大会常务委员会关于惩治违反公司法的犯罪的决定》，再次强调公司内部职务侵占行为的刑事责任，但尚未在刑事立法层面予以明确。直到 1997 年刑法新增职务侵占罪这一罪名，非国家工作人员职务侵占行为正式被纳入刑法规制。2016 年，最高人民法院、最高人民检察院颁布《关于办理贪污贿赂刑事案件适用法律若干问题的解释》，明确职务侵占罪的量刑标准参照贪污罪相应标准的两倍、五倍执行，即 6 万元以上认定为“数额较大”，100 万元以上认定为“数额巨大”。2021 年，刑法修正案（十一）对职务侵占罪的法定刑进行了调整，量刑档次由原先的五年以下与五年以上的两档法定刑修改为三年以下、三年以上十年以下、十年以上或者无期的三档法定刑，且更加重视罚金刑的适用。2022 年，最高人民检察院、公安部联合颁布《关于公安机关管辖的刑事案件立案追诉标准的规定（二）》，降低了职务侵占罪的入罪标准，调整后与贪污罪的入罪标准相一致，即 3 万元以上认定为“数额较大”，加大了对职务侵占行为的打击力度，亦进一步体现了产权平等保护的精神。

二、股权代持类职务侵占罪概述

随着民营经济的发展和时代的进步，在立法不断完善的同时，职务侵占亦出现了有别于传统模式的特殊类型、新类型。股权代持类职务侵占即是司法实践中出现的较为特殊的类型之一，相关案件中通常存在复杂的刑民交叉关系。为更好地分析其中存在的法律问题及认定难题，有必要先厘清股权代持型职务侵占罪相关的法律概念，阐明实践及研究现状。

（一）股权代持定义辨析

股权，是股东根据法律规定和公司章程约定依法在公司享有的，包括人身和财产权益的综合性权利。股权的合法持有和权利行使直接影响公司的正常运营和发展。

股权代持，是指实际出资人以他人名义向公司出资、公司章程和商事登记中股权为名义出资人所持有，但实际出资人实际享有投资收益等部分或全部股东权益的一种股权（股份）处置方式。在股权代持中，实际出资但是又不在公司章程、股东名册和工商登记等公示文件中记载的出资人，学界通称为隐名股东，名义出资人又称为名义股东。

股权代持类职务侵占，存在广义和狭义两种理解。广义的股权代持类职务侵占是指名义股东或隐名股东利用职务便利侵占本单位财物；狭义的股权代持类职务侵占则仅限于名义股东利用职务便利侵占代持的股权、孳息及股权转让金。因广义的股权代持类职务侵占所涉争议问题较狭义的股权代持类职务侵占少，且在狭义的股权代持类职务侵占中均有所体现，故下文将以狭义的股权代持类职务侵占作为主要研究对象。

（二）股权代持的民商法意义

出于政策规避或个人隐私等原因，股权代持在市场经济中并不少见。梳理实践中较为常见的原因如下：一是实际投资人为了规避法律法规，如为规避关于外商投资准入的规定、国家部委规章中的管理性规定、国家公职人员禁止投资或入股的规定以及股东人数限制的规定等；二是实际投资人出于各种原因不宜成为股东或不愿暴露股东身份的，例如公司竞业禁止义务等；三是出于公司管理便捷或扩大影响等目的，如实际出资人常年在外不便登记签字、借用明星影响力等。[①]

但无论是何种理由，现行法律法规未明确对股权代持作出禁止性规定。根据民法典第一百四十四条、第一百四十六条、第一百五十三条、第一百五十四条有关民事法律行为效力的规定以及《最高人民法院关于适用〈中华人民共和国公司法〉若干问题的规定（三）》第二十四条关于实际出资人（隐名股东）和名义出资人（名义股东）订立股权代持合同的规定，在隐名股东和名义股东达成股权代持合意且无造成民事法律行为无效的情形时，股权代持行为对于合同双方具有法律效力。即法律为了彰显市场经济的私法自由，促进效率和保护交易，承认了“登记确认的名义股东与实际出资的人不一致”的合法性。[②]

（三）股权代持类职务侵占罪的司法现状

职务侵占罪的认定在司法实践中存在一些争议，国内外法学界对此已有一定的研究和探讨，在“犯罪主体”“本单位财物”“被害单位的

① 参见李兰英：《股权代持中显名股东侵害隐名股东权益的刑民认定》，载《政法丛论》2021 年第 2 期。

② 参见李兰英：《股权代持中显名股东侵害隐名股东权益的刑民认定》，载《政法丛论》2021 年第 2 期。

认定”等方面进行了较为充分的观点交流和实践探索，但关于股权代持类职务侵占的研究和典型案例还较为缺乏。

1. 刑事裁判情况

在中国裁判文书网中“刑事案件”范围下将“职务侵占罪”“代持”“2020 年至 2022 年”作为筛选条件，共筛选出刑事判决书、裁定书 82 份，其中 2020 年 53 份、2021 年 26 份、2022 年 3 份。如图 1 所示，经逐一研读分析，7 份裁判所涉案例中代持的并非股权，50 份裁判所涉案例中股权代持问题不是争议焦点且非狭义的股权代持类职务侵占，剩余 25 份裁判所涉案例均在股权代持问题上有较大篇幅的辨析（作为重要争议焦点）。

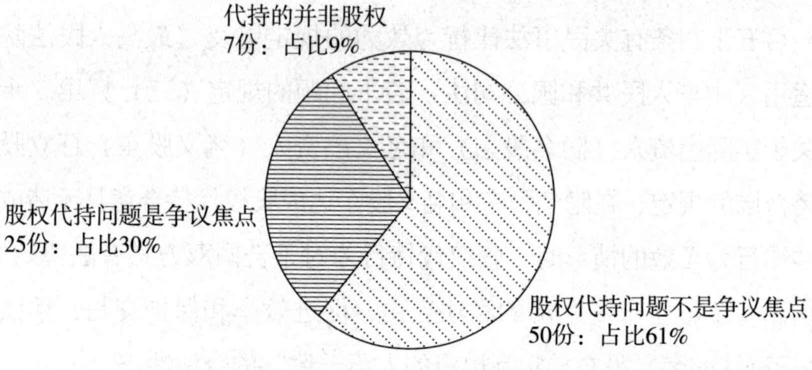

图 1　2020 年至 2022 年中国裁判文书网相关裁判情况

如图 2 所示，进一步分析 25 份将股权代持问题作为重要争议焦点的裁判文书后发现，其中 12 份是在是否存在股权代持上存在争议，9 份裁判所涉案例是名义股东侵占单位销售款等普通财物，3 份是隐名股东侵占单位销售款等普通财物，1 份是名义股东侵占其代持的股权、孳息及股权转让金。即上述裁判文书中，13 份属于广义的股权代持类职务侵占，占将股权代持问题作为重要争议焦点裁判文书的 52%，其中仅

1份属于狭义的股权代持类职务侵占，占将股权代持问题作为重要争议焦点裁判文书的4%。此外，据统计，在R市检察院2021年至2023年9月审结的32件职务侵占案中，与股权代持有关的仅1件（与中国裁判文书网上的公开裁判非同一案例），即陈某甲职务侵占案，属于狭义的股权代持类职务侵占。股权代持问题系该案主要争议焦点，历经一审、二审，控辩双方就股权代持型职务侵占进行了充分的讨论。

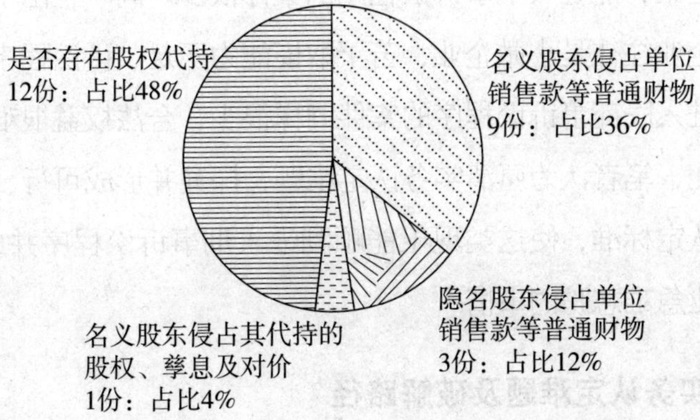

图2　2020年至2022年将股权代持作为重要争议焦点的裁判文书情况

2. 民商事裁判情况

在中国裁判文书网中“民事一审判决”范围下将“股权代持”“2020年至2022年”作为筛选条件，共筛选出判决书、裁定书6457份，其中2020年2641份、2021年2254份、2022年1562份。涉及的民事案由较多，包括人格权、婚姻家庭、继承、物权、合同、无因管理、不当得利、知识产权与竞争、劳动争议、人事争议、海事海商、侵权责任以及与公司、证券、保险、票据等有关的民事纠纷等，大多数案件并不是隐名股东和名义股东之间因代持的股权本身发生纠纷，多集中于隐名股东作为实际债权人向他人主张债权等外部纠纷。此外，据统计，在

R 市法院近年来判决的民商事案件中，与股权代持相关的民商事裁判数量较少，其中，因名义股东将其代持的股权、孳息或转让金占为己有而产生纠纷的案件仅 6 件。

综上分析，狭义的股权代持类职务侵占进入刑事诉讼程序并最终定罪成案的并不多见，事实认定困难、法律适用存在障碍是此类案件刑事规制困境的成因，因此在现实中公安机关普遍认为这类现象属于民商事纠纷不予立案，能进入刑事诉讼程序的案件很少。同时，由于作为被害人的民营企业往往是小微企业，苦于取证能力不足、诉讼程序耗时耗力等因素，进入民商事诉讼程序的案件同样很少，合法权益很难得到有效保障。因此，笔者认为厘清实务认定难题，探究并形成可行、统一的司法理念和认定标准，使这类现象能顺利进入刑事诉讼程序并成功定罪，是民营企业急难愁盼的事情。

三、实务认定难题及破解路径

长期以来，刑民交叉类案件中的事实认定、法律适用存在诸多争议问题，股权代持类职务侵占罪的认定即是如此，且因其隐蔽性、“表里不一”等特征，使法律关系尤为复杂。民事判断重形式要件，刑事判断重实质要件，因此想要在司法实践中厘清此类刑民交叉案件，应当在保持法秩序统一性的前提下以实质刑法观进行刑事穿透性判断，即构罪与否应当严格根据犯罪构成要件进行实质判断，既不直接依据民商事法律进行形式认定，也不过分区分评价，而忽视了民事责任和刑事责任的竞合。一方面，应避免打击范围过于宽泛，避免以刑事手段插手民营企业发展过程中的民事经济纠纷；另一方面，应避免打击范围过于限缩，已构成民商事的违约并不是刑法上的违法阻却事由，避免贪腐行为肆意损害民营企业利益，影响民营经济健康发展。

现以R市陈某甲职务侵占案为例，佐以中国裁判文书网上公开的相关判决、裁定，深入分析狭义的股权代持类职务侵占在实务认定上的困难，并通过法理评析如何运用实质刑法观进行刑事穿透性判断，探讨切实破解路径。

（一）陈某甲职务侵占案基本案情

2001年起，A公司投资入股B公司，占股62%，股权由孙某甲（A公司法定代表人、股东）、陈某甲（A公司监事会成员、工作人员）及陈某乙、陈某丙、孙某乙代持。2018年3月，孙某甲、陈某甲与C公司达成股份转让协议，C公司出资收购陈某乙、陈某丙代持的全部股权及孙某乙代持的部分股权。孙某甲、陈某甲事先预谋，利用孙某甲负责A公司全面工作的职务便利，指使陈某乙、孙某乙、陈某丙将本应归A公司所有的股权转让金585万元（缴纳相关税费后）转到二人指定的王某某的账户，A公司的内外账上均未予以记载，同时对外谎称该笔股权转让金是B公司的收入，用于偿还B公司之前欠陈某甲及王某某的债务，后陈某甲分到230万元、王某某分到350万元。经查明，B公司在孙某甲、陈某甲实施上述行为前，欠陈某甲债务180万元、欠王某某债务500万元。案发后，陈某甲退出非法所得585万元。

本案争议焦点主要集中于陈某甲是否构成职务侵占罪，在“本单位财物”及“被害单位”的认定、犯罪主体及“职务便利”的认定、非法占为己有客观行为及非法占有目的的认定上存在不同的观点，这亦正是狭义的股权代持类职务侵占案件办理中最为典型的几个认定难题。

（二）“本单位财物”及“被害单位”的认定

根据刑法第二百七十一条之规定，职务侵占罪的犯罪对象是“本单位财物”，这是职务侵占罪区别于盗窃罪、诈骗罪等普通侵财犯罪的重要构成要件。通说认为，作为职务侵占罪犯罪对象的“本单位财物”包括单位现存的财物和确定的收益。在认定“本单位财物”时需要准确把握以下两点：一是该对象必须是“财物”，不仅包括有体物，还包括财产性利益；二是该对象必须是“本单位”占有、管理或者所有的财物，即应当明确财物的“权属”，从而确认“被害”的是否是“单位”以及是哪个“单位”。

在股权代持情况下，股权所属出现“表里不一”，代持的股权、孳息或股权转让金是否属于“财物”以及如何确定“被害单位”存在争议，即是否符合“本单位财物”这一构成要件值得探讨。实践中的股权代持存在个人替单位代持股权、个人替个人代持股权两种常见类型。下文将通过刑事穿透性判断“实际归属”，重点探讨个人替单位代持股权情况下，“本单位财物”及“被害单位”的认定，并在争议处兼论个人替个人代持股权的情况。主要包括以下两个方面的认定难题。

1. 代持的股权、孳息或股权转让金是否属于“财物”

根据上文关于股权定义的辨析可知，股权是包括人身和财产权益的综合性权利，其本身、孳息以及股权转让金具有显而易见的财产属性，属于财产性利益。此外，《全国人大常委会法制工作委员会对关于公司人员利用职务上的便利采取欺骗等手段非法占有股东股权的行为如何定性处理的批复的意见》中明确指出，根据刑法第九十二条的规定，股份属于财产，采用各种非法手段侵吞、占有他人依法享有的股份，构成犯罪的，适用刑法有关非法侵犯他人财产的犯罪规定。因此，代持的股权、孳息或股权转让金均属于职务侵占罪意义上的“财物”。

2. 代持的股权、孳息或股权转让金的权属认定

实务中对此存在以下几种不同观点。

观点一认为，代持的股权、孳息或股权转让金属于A公司的“本单位财物”。虽然股权对外在名义股东陈某甲的名下，名义股东陈某甲的转让行为有效，但根据名义股东陈某甲与A公司之间的有效股权代持协议以及实际出资情况，名义股东陈某甲仅是协助A公司代为持有或管理相应股权，该股权本质属于A公司的对外投资，所有权清晰，属于A公司的“本单位财物”。而股权被收购后所得款项作为股权的对价，即使尚未在A公司的控制之下，但属于应归A公司收入的财物，亦属于A公司的“本单位财物”，被害单位应认定为A公司。

观点二认为，代持的股权、孳息或股权转让金属于B公司的“本单位财物”。如某市吴某某职务侵占案的二审裁定书采用该观点，认为股东认缴股本以后，其实际上就让渡出了所出资金的所有权，以此为对价获得股权，该资产在B公司的管理、控制之下，归于具有独立法人人格的B公司，所出资金成为B公司独立对外承担责任的物质基础。B公司拥有由股东投资形成的全部法人财产，而B公司股东享有自益权和参与B公司重大事项的决策管理权。故股权是一种公司财产权与股东相应权利于一体的整体性概念，其最核心的部分还是公司财产权，侵犯股权侵犯的是股权对应下的B公司独立的法人财产，侵占股权指向B公司的财产。且股权转让后，股权转让款应当由B公司进行管理和分配。因此，代持的股权、孳息或股权转让金系在B公司的占有、管理之下，属于B公司的“本单位财物”，被害单位应认定为B公司。

观点三认为，代持的股权、孳息或股权转让金属于名义股东所有。根据登记名义股东才是股权所有权人，名义股东系基于名下股权取得股权转让金，隐名股东并未实际占有股权及股权转让金，该转让金并不当然是“本单位财物”。名义股东行为仅是违反与A公司的代持协议，A公司可以依据代持协议行使请求权，双方之间系民商事纠纷，不构成刑事上的职务侵占罪。

笔者认为，在占有、管理或者所有的认定上，在民商事领域为保护交易安全和信赖利益，更加注重外观主义，但在刑事立场上梳理内部关系时，“本单位财物”的认定应注重在“合法”外观下抽丝剥茧，重点关注人、单位、财物之间的本质联系，即应当根据股权的实际归属进行穿透性判断。

一方面，观点二未对股权、孳息及股权转让金的权属进行穿透性判断。股东通过出资获得股权，B 公司占有、管理或者所有的实际是股东出资的货币、实物等，并非股权本身，该股权应当属于股东的财产，相应孳息及股权转让金附随于股权，自然属于股东的财产。另一方面，观点三违反了法秩序统一原理，在事实判断上将民法与刑法的具体规范混同，在责任认定上将民法与刑法彻底割裂。法秩序统一原理并不是法制上的统一性，而是内在价值的统一性，并不苛求具体规范上的一致。① 在刑民交叉时，具体表现为：一是刑事对于民事合法行为不应作出否定评价；二是对于已经被民事作出否定评价的行为，刑事仍可以根据构成要件再次作出否定评价，且允许在具体事实的认定上存在不违背社会价值的差异。即认定犯罪的唯一标准是犯罪构成要件，行为人系民事违法并不是阻却犯罪成立的抗辩理由。在股权代持语境下，名义股东已在民商事上构成违约，在刑法上仍然可能构成犯罪。虽然股权登记在名义股东名下，根据民商事对外关系中的外观主义看似归名义股东所有，但根据刑事穿透性判断，基于有效的代持协议，股权、孳息及股权转让金本质上归属于隐名股东所有，只是在外观上归名义股东所有，这与民商事的外观主义在社会价值上并无矛盾，只是处理的法律关系不同。因此，

① 参见郭竹梅：《受贿罪司法适用研究》，法律出版社 2018 年版，第 309-310 页。

名义股东将股权、孳息及股权转让金占为己有侵犯了隐名股东的财产权。

因此，笔者认为观点一更为适宜。行为人将其替A公司代持的股权、孳息或股权转让金占为己有，属于侵害A公司的“本单位财物”；但假设行为人将代持的自然人股东的股权、孳息或股权转让金占为己有的，属于对个人财产的侵犯，不属于侵害“本单位财物”，只能认定侵占罪，因此下文辨析其余争议点时将不对个人替个人代持股权作详细论述。

（三）犯罪主体及“职务便利”的认定

职务性是职务侵占罪最本质的特征。根据刑法第二百七十一条之规定，职务侵占罪的犯罪主体是公司、企业或者其他单位的工作人员，并要求利用职务上的便利，这是职务侵占罪区别于诈骗罪等普通侵财犯罪的另一重要构成要件。行为人利用了单位的委托信任关系，将本单位财物非法占为己有，属于特殊的“背信”行为，这也是立法设立职务侵占罪的法益保护目的考量。[①] 因此，在职务侵占罪中犯罪主体及“职务便利”的认定尤为重要。

1. 关于职务侵占罪犯罪主体的认定

在职务侵占罪犯罪主体的认定上，在法学理论界本就存在着“身份论”和“职务论”两大观点。现有通说倾向“职务论”，即由于企业用工关系、职务聘任的灵活性，本罪主体的认定当然不应局限于形式上的劳动合同，应当根据“是否具有职务上的便利”这一核心要素予以

① 参见刘艳红：《保护民营企业视角下职务侵占罪的司法适用研究》，载《现代法学》2023年第3期。

理解。[①] 是否签订劳动合同、劳务合同、任命书等“身份”上的形式要件可能会影响民法上的法律关系和保护程度，但在刑事立场上，只要行为人事实上在从事公司、企业或者其他单位的员工所从事的事务，实质上具有“职务上的便利”，原则上就应认定为本罪的行为主体，与上述“身份”上的形式要件无必然联系。

“职务论”是实质刑法观的具体体现，为司法实践中对犯罪主体的认定拓宽了路径，但在股权代持语境下，名义股东在身份、从事的事务、拥有的职权上均存在特殊性和复杂性，“不具有职务便利”亦是名义股东一方最为常见的辩护意见之一。

实践中，名义股东通常亦是公司法定代表人、董事、高级管理人员、监事或是职工等身份。据统计，上文在中国裁判文书网上检索得到的 82 份裁判所涉案例中，犯罪主体为名义股东兼前述身份的 8 件，犯罪主体为隐名股东兼实际控制人的 3 件，均认定符合职务侵占罪的犯罪主体要件，因具有法定代表人、董事、高级管理人员、监事或是职工等身份，该情况下犯罪主体的认定基本不存在争议。但在不具有上述身份的情况下，名义股东这一身份本身能否认定为适格的行为主体在法学理论界和司法实践中尚存在一定争议。根据“职务论”的观点，应当重点辨析名义股东实质上是否“具有职务上的便利”。

2. 关于“利用职务上的便利”的认定

“具有职务上的便利”并不当然“利用职务上的便利”，但核心辨析依然是“职务上的便利”。职务侵占罪中的“利用职务上的便利”，通常理解为单位人员利用主管、管理、经手单位财物的便利条件，但不包括因工作关系熟悉作案环境及人员、容易接近单位财物等有利条件。

---

① 参见刘艳红：《保护民营企业视角下职务侵占罪的司法适用研究》，载《现代法学》2023 年第 3 期。

股权代持情况下，名义股东的侵占行为是否属于具有并利用主管、管理、经手单位财物的便利条件应当如何界定，是犯罪主体及“职务便利”认定的核心问题。

笔者认为，名义股东是否“具有职务上的便利”以及“利用职务上的便利”亦应当坚持拨开形式关系，贯彻实质刑法观，穿透性判断实质的工作关系和工作任务，判断行为人对本单位财物的控制程度。

一是作为代持股权的名义股东，该身份本身实际上因登记确认及有效股权代持协议对外具有股东名义，对内直接经手、管理其名下的股权、孳息或股权转让金，实质上具有了经手、管理本单位对外投资的职务便利，并非单纯的挂名或辅助占有。名义股东形式上是股东，实质上就是“公司经营管理人员”。①

二是在分析“利用职务上的便利”时，应当谨慎区分名义股东处理及占为已有的是否系其本人名下股权、孳息或股权转让金，名义股东仅对其本人名下的股权、孳息或股权转让金具有职务便利，也仅能利用该部分便利。对于他人名下的股权、孳息或股权转让金，该名义股东并不具有职务便利。

如陈某甲职务侵占案中，陈某甲占为已有的系其他名义股东代持的股权所对应的股权转让金，其本身并未直接利用其代持股权所形成的职务便利，该案最终主要根据共犯理论认定。根据《最高人民法院关于审理贪污、职务侵占案件如何认定共同犯罪几个问题的解释》第二条之规定，行为人与公司工作人员勾结，利用该公司工作人员的职务便利，共同将该单位财物非法占为已有，数额较大的，以职务侵占罪共犯论处。本案中，陈某甲和孙某甲系共谋的共同犯罪，孙某甲是 A 公司

① 参照李兰英：《股权代持中显名股东侵害隐名股东权益的刑民认定》，载《政法丛论》2021 年第 2 期。

法定代表人、股东，全面负责该公司各项事务（包括财务管理），并对会计、股份代持人等工作人员具有极强的支配力，二人正是达成充分犯意联络后，由孙某甲出面要求陈某乙等人将股权转让金转至陈某甲一方处，即二人共同利用了孙某甲的职务便利。

此外，根据案例检索，实践中还存在其他特殊情况，即名义股东利用名义上的股东身份及便利，擅自取得B公司法定代表人身份或是以股东身份从会计等人处借出法定代表人印章、财务专用章等，侵占B公司财物。此情况实际系名义股东与B公司间的法律关系且占为已有的不是代持的股权，不属于本文探讨的狭义的代持股权类职务侵占股权的情况，在此不展开论述。

（四）非法占为己有具体行为及非法占有目的的认定

非法占为己有是职务侵占罪等取得型财产犯罪成立的关键要件。根据刑法第二百七十一条之规定，职务侵占罪的核心行为是将“本单位财物”非法占为己有，要求行为人对“本单位财物”具有非法占有目的。在股权代持语境下存在以下认定难题。

1. 关于职务侵占罪非法占为己有具体行为的范围

职务侵占罪的认定中，非法占为己有具体行为的范围界定存在一定分歧。有学者认为，只有狭义的侵占行为才能构成职务侵占罪，若采取的是窃取、骗取等行为则构成其他取得型财产犯罪；[①] 但在理论通说和司法实践中，倾向于采用广义的侵占，即非法占为己有的行为无论是使用窃取、骗取还是其他手段，只要本质上利用了职务便利将“本单位财物”占为己有，就不影响其行为构成职务侵占罪。

---

① 参见张明楷：《刑法学》，法律出版社2021年版，第1337-1338页。

笔者认为，在股权代持语境下，广义的侵占更能恰当地打击犯罪。职务侵占罪侵犯的是单位对工作人员的委托和信任以及单位财产安全两个法益，打击该罪兼具惩罚“背信”和“侵财”两大功能，亦是盗窃罪、诈骗罪等普通侵财犯罪所不具有的。而股权代持的基础就是隐名股东与名义股东之间的信任和财产归属的明晰。无论名义股东采取何种具体行为，利用职务便利将代持的股权非法占为己有，均兼具“背信”和“侵财”性质，认定构成职务侵占罪能更好、更全面地保护法益，更为适宜。若名义股东并未利用代持股权的职务便利，则依法适用刑法有关非法侵犯他人财产的其他罪名。

2. 关于非法占有目的的认定

股权代持语境下，股权代持人往往与各方存在较为密切的经济往来，当股权代持关系与债权债务关系同时存在时，应当注意厘清债权方、债务方，并通过审查账目准确厘清往来资金情况及性质，从而以客观证据推定非法占有目的。

以陈某甲职务侵占案为例，陈某甲辩称其没有非法占有目的，是B公司欠其债务，其为了要回债务才出此下策。该辩解最终不予采纳，主要原因有以下几点：一是涉案款项根据上文实际归属进行分析是A公司的财物，而在其所提及的该债权债务关系中，债权方确实是陈某甲、王某某，但债务方是B公司，不是A公司；二是A公司的内外账中均未对该笔股权转让款予以记载，导致该款项在A公司的账目上凭空消失，且陈某甲等人对外谎称该笔585万元属于B公司的收入，并在B公司的账目中予以记载，通过伪造账目改变该585万元资金的性质用以掩人耳目，明显具有非法占有目的。

四、结语

法律是维护良好的民营经济营商环境的重要手段，刑法作为最后一道防线，有必要以清晰的标准给予违法犯罪人员警告和惩罚。当前，股权代持现象日益泛滥，股权代持型职务侵占罪相关认定难题将成为无法回避的重要问题，本文就部分情况及问题展开讨论，并以刑事穿透性判断辨析破解路径，所涉法律关系复杂多变，未尽之处仍需进一步研究，以共同为企业营造清朗的内部环境指明方向、提供保障。

新类型疑难案例选评

范某操诈骗和伪造国家机关证件、印章案

叶億坚*

【裁判要旨】

非法占有目的虽然是主观要素，但对于是否“非法”，必须进行客观判断，而不是以行为人的内心想法为标准。尽管本案被告人与被害人系多年老乡、朋友，被害人交付款项时也备注为“借款”，但“借款”原因系被告人虚构将其房产过户给被害人需要缴税。正是基于这一事实，被害人陷入错误认识，处分其财产。被告人在取得款项后伪造国家机关的证件、印章的行为意图让被害人继续陷入错误认识，足以印证被告人以非法占有为目的的主观犯意。

【基本案情】

公诉机关：浙江省温州市瓯海区人民检察院；

被告人：范某操。

2021年4月14日至5月25日，被告人范某操向居住在温州市瓯海

* 作者单位：浙江省温州市瓯海区人民法院。

区梧田街道的被害人孙某借款 2 万元。被告人范某操在归还了 4000 元后，剩余款 16000 元经催要未归还。后被告人范某操因没钱遂编造其在湖北老家有一套房子，以将该房子过户给被害人孙某需要缴税为由，于同年 5 月 31 日骗取被害人孙某 28000 元。被告人范某操为取得被害人孙某的信任，在湖北省蕲春县青石镇通过他人（另案处理）伪造了一本蕲春县国土资源局不动产登记机构颁发的不动产权证书，并邮寄给被害人孙某。2021 年 7 月 14 日，被害人孙某发现该不动产权证书系伪造后，于 2021 年 7 月 15 日向公安机关报案。

案发后，被告人范某操于 2021 年 7 月 15 日自动向公安机关投案后如实供述了其犯罪行为。2021 年 7 月 16 日，被告人范某操向被害人孙某退赔了 28000 元，并取得被害人孙某的谅解。被告人范某操与被害人孙某系认识多年的老乡、朋友。

【裁判结果】

公诉机关认为，被告人以非法占有为目的，虚构事实骗取他人财物，数额较大，又伪造国家机关的证件、印章，扰乱公共秩序，其行为分别触犯了刑法第二百六十六条、第二百八十条第一款之规定，犯罪事实清楚，证据确实、充分，应当以诈骗罪和伪造国家机关证件、印章罪追究其刑事责任，并建议以诈骗罪判处其有期徒刑七个月，并处罚金，以伪造国家机关证件、印章罪判处其拘役五个月，并处罚金，建议合并执行有期徒刑七个月，并处罚金。

被告人范某操对公诉机关指控的犯罪事实及适用的法律均无不同意见并签署认罪认罚具结书。其辩护人提出如下辩护意见：（1）被告人范某操与被害人孙某之间不是一般的朋友关系，平时有金钱往来，在行为发生时，孙某知悉这笔款项系借款，同时在转账时也备注为“借款”，行为发生之后，被告人范某操也主动提示孙某有这笔债务，也明确表示没有非法占有这笔金钱的想法。故被告人范某操当时是为了借钱编了一个借口，非法占有为目的存疑，难以排除合理怀疑。（2）案涉伪造的不动产权证书系被告人范某操在被害人孙某转账之后购买，并非在事前购买，没有用作其他非法用途，未产生严重后果。

法院认为，被告人范某操以非法占有为目的，虚构事实，骗取他人财物，数额较大；又伪造国家机关的证件和印章，其行为已分别构成诈骗罪和伪造国家机关证件、印章罪。公诉机关指控的罪名成立。被告人范某操在判决宣告以前犯数罪，应当数罪并罚。被告人范某操有劣迹，酌情予以从重处罚。鉴于被告人范某操有自首情节，又自愿认罪认罚，考虑其已退赔被害人并取得谅解，结合本案实际情况，予以从轻处罚、从宽处理。辩护人提出的与此相同的辩护意见，予以采纳。但对辩护人提出被告人范某操不具有非法占有目的的意见，与事实不符，不予采纳。公诉机关的量刑建议适当，予以采纳。依照刑法第二百六十六条、第二百八十条第一款、第六十七条第一款、第六十九条、第六十四条及刑事诉讼法第十五条之规定，判决如下：（1）被告人范某操犯诈骗罪，判处有期徒刑七个月，并处罚金五千元；犯伪造国家机关证件、印章罪，判处拘役五个月，并处罚金五千元；数罪并罚，决定执行有期徒刑七个月，并处罚金一万元。（2）对本案缴获的伪造的不动产权证书予以没收。

宣判后，被告人未上诉，检察机关未抗诉，本案判决发生效力。

［评析］

从行为人客观行为认定以非法占有为目的

我国刑法第二百六十六条没有明文将非法占有为目的规定为诈骗罪的责任要素，刑法理论对此存在争议。

第一种观点认为，只要行为人具有诈骗等罪的故意即可，不必另具有非法占有为目的。

第二种观点认为，成立诈骗罪需要行为人具有非法占有目的。笔者认同这个观点，同时在审判实践中也遵循这一观点。

故在审判实践中，是否具有非法占有为目的，直接关系罪与非罪、此罪与彼罪的界线。非法占有为目的属于行为人主观意识范畴，与客观行为相比具有抽象性和内隐性，难以被人们直接感知与把握。对于非法占有为目的的认定，通常从两个方面即行为人的供述与行为人实施的客观行为进行综合判断。在认定行为人是否具有非法占有为目的，既要避免单纯根据损失结果客观归责，也不能仅凭行为人的供述而主观归责，而应当在坚持主客观相一致原则的基础上，根据案件收集的证据材料全面分析并结合司法实践经验和实际生活综合判断行为人是否具有非法占有为目的。

从本案来看，被告人虽然在审查起诉阶段一开始便如实供述其行为，但对被指控诈骗罪中非法占有为目的其实是不承认，甚至是不理解的，认为其有实施诈骗行为，但并不会故意不还钱。最终被告人在法院审理过程中才完全认罪认罚，而辩护人始终坚持非法占有为目的存疑的辩护意见。故对被告人客观行为分析如下。

首先，在行为发生前，被告人系虚构理由骗取款项，这个行为基本没有争议。而被害人款项备注为“借款”并不影响被害人基于错误认识，处分其财产。如果单凭这点就定被告人诈骗罪，符合前文提到的第一种观点。但这种情况可能会造成诈骗罪适用范围扩大，毕竟通过虚构事实借款的情况在民事活动中较为常见。若不论行为人是否有非法占有为目的，仅凭行为人将所借款项未用于其借款用途，就要追究其刑事责任，显然是不合理的。

其次，在行为发生后，被告人通过伪造不动产权证书行为，意欲让被害人相信其虚构的理由。这里要注意的是，被告人是在骗取款项后伪造的不动产权证书，而不是事先伪造不动产并利用伪造的不动产权证书骗取款项。如果是后者这种情况，被告人伪造不动产权证书的行为系诈骗的手段，被告人的手段行为与目的行为牵连，构成牵连犯。本文就牵连犯问题不再赘述。就本案中，被告人在骗取款项后，目的行为已经完成，故其伪造不动产权证书的行为单独构成伪造国家机关的证件、印章罪。但同时，这一行为也能印证被告人意图让被害人继续陷入错误认识的主观目的。如果没有这一行为，被告人作为被害人多年的老乡、朋友，其辩解没有非法占有被害人财物的目的，事后会偿还款项，并不能排除有这一可能性。正因为实施这一行为，足以认定被告人意图让被害人陷入错误认识后，继续非法占有款项的目的。在被害人没有发现伪造不动产权证书之前，非法占有状态则会一直持续。故在法院看来，被告人事后伪造不动产权证书不仅是认定被告人构成伪造国家机关的证件、印章罪的犯罪行为，同时也能印证被告人在诈骗罪中的非法占有的目的。

最新法律文件解读丛书

稿　约

最新法律文件解读丛书是一套以为最新法律规范提供同步“解读”为主的系列丛书，分为刑事、民事、商事、行政与执行4个分册，按月出版。

本丛书以“解读”为重点，突出全、专、新、快、准等特点，通过对最新出台的法律、法规、司法解释、部门规章以及重要地方性法规进行同步动态解读，弥补了法律、法规、司法解释汇编类出版物没有同步阐释、解读内容的不足，为广大读者学习理解最新法律规范，正确贯彻执行法律文件，及时解决实践中的新情况、新问题，提供一个全方位、多层面的法律信息平台。

欢迎您向以下栏目赐稿：

【最新法律文件解读】主要是对最新颁行的法律文件进行解读，帮助司法和执法人员正确理解法律文件的立法背景、意义、重点内容、在适用中应注意的问题、与相关法律文件的衔接与互动关系等。

【司法实务问题研究】主要刊登对司法理论、实务及司法管理工作中的热点、疑难问题进行研究及评论的文章。

【新类型疑难案例选评】主要是对司法和行政执法实践中具有典型性和代表性的疑难案例，结合具体案情以及审理或处理结果进行简练精辟的点评，解析认识问题的方法、处理问题的法律依据和在个案中的具体适用。

【法学前沿与新视点】以摘要的形式刊登相关法学理论研究的最新动态及具有代表性和典型性的前沿问题，扩展法学研究的深度和广度。

【法律适用问题解答】主要针对司法和行政执法实践中面临的新问题、热点问题、疑难问题进行简要的解答，指出涉及的法律关系，明确法律适用依据。

稿件一经刊用即付稿酬，稿酬从优。

《刑事法律文件解读》　杨晓燕　邮箱：5184621@ qq. com

《民事法律文件解读》　杨　洁　邮箱：1216921515@ qq. com

《商事法律文件解读》　路建华　邮箱：shangshijiedu@ 126. com

《行政与执行法律文件解读》　赵杰琼　邮箱：1092123089@ qq. com

人民法院出版社

最新法律文件解读丛书编辑部